投后管理
PE/VC从投资划款到退出变现

冀文宏 著

Post-Investment Management
—From Investing To Exit In PE/VC

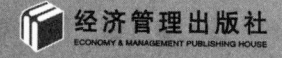

经济管理出版社
ECONOMY & MANAGEMENT PUBLISHING HOUSE

图书在版编目（CIP）数据

投后管理：PE/VC 从投资划款到退出变现 / 冀文宏著 . —北京：经济管理出版社，2023.9

ISBN 978-7-5096-9309-4

Ⅰ.①投…　Ⅱ.①冀…　Ⅲ.①投资管理　Ⅳ.①F830.593

中国国家版本馆 CIP 数据核字（2023）第 179180 号

组稿编辑：杨国强
责任编辑：杨国强
责任印制：黄章平
责任校对：陈　颖

出版发行：经济管理出版社
　　　　　（北京市海淀区北蜂窝 8 号中雅大厦 A 座 11 层　100038）
网　　址：www.E-mp.com.cn
电　　话：（010）51915602
印　　刷：北京晨旭印刷厂
经　　销：新华书店
开　　本：710 mm×1000 mm/16
印　　张：13.25
字　　数：202 千字
版　　次：2023 年 9 月第 1 版　2023 年 9 月第 1 次印刷
书　　号：ISBN 978-7-5096-9309-4
定　　价：68.00 元

·版权所有　翻印必究·

凡购本社图书，如有印装错误，由本社发行部负责调换。
联系地址：北京市海淀区北蜂窝 8 号中雅大厦 11 层
电话：（010）68022974　　邮编：100038

前 言

笔者自 2012 年开始从事投后管理，到现在已 10 多个年头。其间只有短暂的一段时间做了一些资产配置的工作，其余时间都在从事投后管理的业务一线和管理一线。

10 多年中，笔者曾经先后在 PE 机构（九鼎投资）、产业投资机构（中植资本）、市场化母基金（银盛泰资本）以及 VC 机构（惠每资本）从事投后管理。在这个领域做的时间越长，遇到的问题越多，就越觉得有很多东西需要学习。在不同的机构做投后管理，获得的最大感受是：没有放之四海而皆准的投后管理策略，不同的机构有不同的理念主张和价值追求，进而有不同的投资策略和投后策略。不能简单地评价哪一种策略是好的，哪一种策略是坏的，只要是奏效的策略，就是好的策略。

从 PE、VC、产业资本以及母基金的不同视角看，投后管理需要完全不同的总体策略和工作方法。从 2015 年开始，笔者从投后管理的业务一线走上管理岗位，为不同的机构制定了各种不同而又适用自身的投后策略，并亲自牵头组建了中植资本、银盛泰资本和惠每资本的投后管理部门。在建立一个部门的过程中，笔者都会思考：投后部门的主要目标是什么？要为整个组织提供什么样的价值？我们应该把主要的精力放在哪里？为什么？我们需要什么样的同行者？我们怎么评价他们的工作成果？凡思考这些问题的从业人员，一定对投后管理的具体工作有"知其然，并知其所以然"的感觉。

一直以来，笔者善于观察那些优秀的同事，从他们身上学到了很多，本书很多内容是领导和前辈教会的。笔者也做了大量的总结和提炼工作，融入了自己的经验、教训和感受，希望能为投后管理的一线人员提供实操层面的指引。

在投后管理的定义中引入了投资价值链的分析，试图从价值链的角度提炼投后管理的概念。因为笔者发现，市场上对于投后管理这个名词的解释实在是千差万别、五花八门，每个机构都有自己的理解和侧重点，从表面上看，甚至很难合并同类项，但是深入到投资价值链，我们会发现，无论具体的投后工作是什么，其本质都是价值评估、价值调整、价值创造和价值实现这四个环节。

投资机构为什么要去做投后管理，并且能够去做投后管理呢？这缘于投资机构已经投资了该企业，投资机构和企业通过《投资协议》约定了双方的权利和义务，这是双方合作的基础。在中国，尽管投资行业是一个年轻的行业，但通过快速地学习欧美投资界的做法，目前国内常见的《投资协议》在权利义务平衡方面已经有了很丰富的手段，诸如回购、估值调整、反稀释、领售权、随售权、优先清算等，并且不断出现新的规则。本书尽可能详细地介绍了常见条款在权利义务调整方面的原理以及典型形式。

投后管理的具体工作包括复盘（价值评估）、赋能（价值创造）、对赌执行（价值调整）以及退出（价值实现），这部分内容是这本书的重点。本书尽可能从实操层面介绍这些投后管理的方法，并在附录中附上了相应的参考模板。实际上，一个投资机构中，真正的投后管理的秘密都隐藏在参考模板里，这些参考模板是投后管理的工作指引和质量控制工具。本书尽量把这些模板修改成通用的模式，但即便如此，在其他机构也不一定适用，但这些参考模板能够系统地呈现一个投资机构如何管理它的投后工作，有很好的参考价值。为了这部分内容思路的流畅，本书尽量不在某一个具体的技术问题上纠缠太多，关于这些重大的技术问题，放在最后一章的重要专项问题中进行深入探讨。

在投后部门组建方面，本书也提供了一些思路，比如人员画像、规章制度、激励机制等。再次强调，这些思路不一定在特定的机构中完全适用，但无论哪个机构，一些普遍的管理定律一定是适用的。事实上，本书在总结这些部门运营层面的心得时，尽量不去纠缠一些细节，而是聚焦于管理通则层面的思考。

一个投后管理的资深人士，可能不一定对前面几章感兴趣，但最后一章一定能够给你一些不一样的思路，如果说前面几章仅仅是通用的实操指南，那么最后一章则有很多原创的心得、体会和经验教训，并且这些经验教训并不是笔者一个人的，而是在这些年的工作中，很多人经验教训的积累。这里面有很多人的艰辛、挫败、泪水和苦闷，当然也有他们的喜悦、兴奋、振作和成就感。

受水平所限，错漏在所难免，希望读者不吝指正。

冀文宏

2022 年 9 月 3 日

目 录

第一章　投后管理 …………………………………………… 1
　一、投后管理的内涵 ……………………………………… 1
　二、投后管理的外延 ……………………………………… 4
第二章　投后管理的策略 …………………………………… 7
　一、投后策略 ……………………………………………… 7
　二、不同类型投资机构的投后管理策略 ………………… 9
　三、如何制定一个投资机构的投后策略 ………………… 13
　四、投前和投后的分工 …………………………………… 15
第三章　投后管理的依据 …………………………………… 20
　一、法律条款上的依据 …………………………………… 20
　二、商业逻辑上的依据 …………………………………… 57
第四章　投后管理的手段 …………………………………… 58
　一、价值评估 ……………………………………………… 58
　二、价值创造 ……………………………………………… 70
　三、价值调整 ……………………………………………… 85
　四、价值实现 ……………………………………………… 88
第五章　投后管理部门的组建 ……………………………… 103
　一、人员建制 ……………………………………………… 103
　二、规章制度 ……………………………………………… 105
　三、考核激励 ……………………………………………… 109

第六章　投后管理的重要专项问题 …………………………………… 113
　　一、投后管理中的谈判技巧 …………………………………… 113
　　二、投后管理中的诉讼问题 …………………………………… 117
　　三、投后管理中需要注意的《基金合伙协议》重要条款 ……… 123
　　四、投后管理中用到的投资分析框架及复盘要点 …………… 137
　　五、投资决策中投后部门的作用 ……………………………… 157
　　六、投后项目数据库的构建逻辑 ……………………………… 159
附录一　项目投后复盘报告 …………………………………………… 163
附录二　赋能问诊系统 ………………………………………………… 167
附录三　破产重整方案暨商业价值分析 ……………………………… 172
附录四　各交易所上市条件 …………………………………………… 178
附录五　减持新规解读 ………………………………………………… 187
附录六　投后管理办法 ………………………………………………… 192
附录七　诉讼程序的时间节点 ………………………………………… 196

第一章 投后管理

一、投后管理的内涵

股权投资在中国的历史很短，20世纪90年代开始出现一些专业从事股权投资的机构。1993年IDG资本进入中国，1999年深创投成立，2000年中科招商成立，同年达晨创投成立。2005年，沈南鹏成立红杉中国，同年张磊创立高瓴资本，蓝驰创投进入了中国。当时的中国，股权投资还是一个新事物，尚未进入大众视野。

直到2007年6月1日，新修订的《合伙企业法》颁布施行，股权投资才像雨后春笋般地涌现，并且那些老牌的投资机构也焕发新生。2007年，吴刚和黄晓捷创立了九鼎投资，迄今为止，在中国本土的投资机构中，也许没有哪一家机构如九鼎投资一样引人瞩目。九鼎投资凭借其凌厉的业务攻势和高调的创新举动，赚足了眼球。稍早一点，2006年硅谷天堂成立，2007年以后开始活跃，凭借其上市公司加PE的风格赚得盆满钵满。彼时，"国家队"也陆续入场，2008年中信集团和中信证券成立了中信产业基金，建设银行背景的建银国际也以国际投行的身份介入股权投资领域，并迅速成为榜单明星。外资投资机构也大量涌入中国，2007年，凯鹏华盈在中国设立凯鹏华盈中国（KPCB China）。2008年，张颖把经纬投资引进中国。

2007~2012年，中国的股权投资行业基本处于投资期，直到2012年之后，才陆续进入了退出期，投后管理的重要性日益凸显。所谓投后管理，顾名思义，就是股权投资后对被投资标的的管理活动。作为财务投资机构，投资的最终目的是退出获利。如果说投资是一个价值寻找（项目承揽）、价值发现（投资分析）和价值锁定（投资入股）的过程，那么投后管理就是一个价值评估（投后复盘）、价值创造（投后赋能）、价值调整（对赌）和价值实现（IPO、并购退出和回购退出）的过程。如图1-1所示。

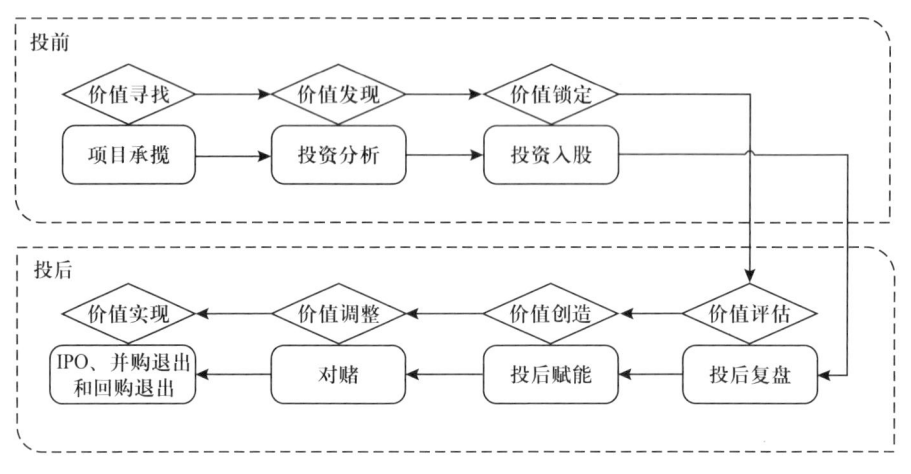

图1-1　投资价值链

所谓价值评估，就是在投资完成后，对已投项目投资价值的跟踪评估。投资机构在投资一个项目时，对这个项目一定有一个预期，即对这个项目的未来有一个预测，这个预期（或曰预测）决定了投资机构"投不投""投多少""以什么估值投"等重大问题，这就是人们常说的"投资就是投未来"之谓。一旦划款完成，这个项目就进入了投后阶段。投资阶段的尽调、投资价值分析、协议谈判和决策过程只需要几个月，最多一年，但投后跟踪一般短则三五年，长则七八年，甚至还有十年以上的。在漫长的投后期间，企业的发展是不是按照投资时的预期发展壮大呢？这就需要投后继续做跟踪评估，我们一般把这种跟踪评估叫作"复盘"。复盘需要有常态的信息收集机制、定期报告机制和定期的评估机制等，这是投后管理最基本的动作。

所谓价值创造，就是业内常说的"赋能"，财务投资机构一般在财务规划、税收筹划、资本市场运作等方面较企业更有优势，在企业的发展中可能帮得上忙。有产业背景的投资机构一般在业务优化升级、产业并购、技术升级等方面有一定优势，可以在这方面为企业提供一些协助。在这种互动中，投资机构和企业各自发挥所长，共同创造了价值。投资界竞争日趋激烈，好的项目一般都很抢手，对于企业来说，接受谁的投资都是钱，没有差异，所以，投资机构必须比拼赋能能力，只有那些能给企业带来资金之外的其他帮助的，才有可能拿到投资份额。

价值调整，业内有一个著名的说法是"对赌"。投资时，企业总想以一个较高的估值去融资，而投资机构都想以较低的估值去投资，双方各自有各自的理由。很多情况下，这种利益诉求的不同并不是谈判能解决的，一个很好的办法就是"对赌"。企业方认为高估值合理，那投资机构也可以暂时按照高估值投资，但未来如果企业的业绩（或者其他的业务指标）没有达到企业方在投资时承诺的水平，那么企业的大股东或者其他重要股东就需要通过股份转让或者现金补偿把投资机构的投资估值降下来。如果企业的业绩（或者其他的业务指标）达到了投资时的承诺，那么投资机构就应该接受这个高估值。详细的条款安排会在第四章讲到。

投后还有一个非常重要的事项，就是退出变现。在这里，我们需要引入一个非常重要的基金绩效指标——DPI（Distributed to Paid-in Capital）。DPI指累计给有限合伙人（Limited Partner, LP）已兑现的回报与LP累计投资的比值，是衡量投资人最终获得基金投资回报的倍数。DPI不考虑时间成本，不考虑未变现资产的价值，只看现金回款比率，是一个非常"诚实"的指标。2015年以前，募资过程是基本不提DPI的，只谈内部收益率（Internal Rate of Return, IRR）。但2015年之后，尤其是2017年之后，在路演中，LP非常关注DPI这个指标。IRR可以讲故事，DPI却是非常直观的现实。LP已经听腻了一个又一个故事，他们现在更关心的是，过去讲过的故事现在变成现实了吗？清科集团创始人倪正东曾在公开场合表示，2022年，清科研究中心所调研的2011年起成立的400多家机构、1500只基金中，只有2011年、2012年（部分）基金的DPI超过1，十年期的基金中位数到目前为止才回本。这意味着，2013年及之后成立的大多数基金，DPI都不足1，这也就代表大多数LP没有回本。这是投资的失败，更是投后的失败。

如果说IRR是对投资团队的考试的话，那么DPI就是对投后团队的考试。当然，不是说投资团队不用管DPI，投后团队不用管IRR，而是强调投前和投后的工作侧重点不同。投后管理中选择什么样的方式退出，如何才能提高退出的收益，是非常重要的任务。

综上所述，所谓投后管理，核心目标是投资后继续跟踪企业发展现状，协助企业提升价值，并且寻求最优的退出路径和最大的退出收益。现在，几乎每个大型投资机构都设立了专门的投后管理部门，主要负责已投项目管理、资产组合管理等各项工作。同时，投后管理部门还为风控、品牌、公共关系等各个环节提供支持。

二、投后管理的外延

在一个投资机构中，投后管理部门也许是涉及业务环节最多的部门。一个投资项目，划款完成后，所有的工作都属于投后管理。比如，投资协议中约定事项的履行、已投项目业绩的跟踪复盘、被投企业业务上和管理上的赋能、对于违反投资协议事项的处理、退出路径的选择和执行等。同时，因为投后管理部门一般还掌握着投资管理公司的整个资产组合数据，所以，投后管理部门需要不时地为公共关系部门、品牌管理部门、基金运营部门或者风险控制部门提供各个维度的数据，这就需要投后管理既要有较强的业务能力，也要有一定的管理水平。

如果按照价值链条的角度看投后管理，那么投后管理的外延一般包括价值评估、价值创造、价值调整和价值实现四个环节，如图1-2所示。

正如前文提到的，价值评估一般是通过投后复盘完成的，这部分业务不直接创造价值，是需要公司费用覆盖的。价值创造一般是通过为被投企业赋能或协助被投企业做业务重整实现的，大部分的投资机构的获利模式被称为"搭便

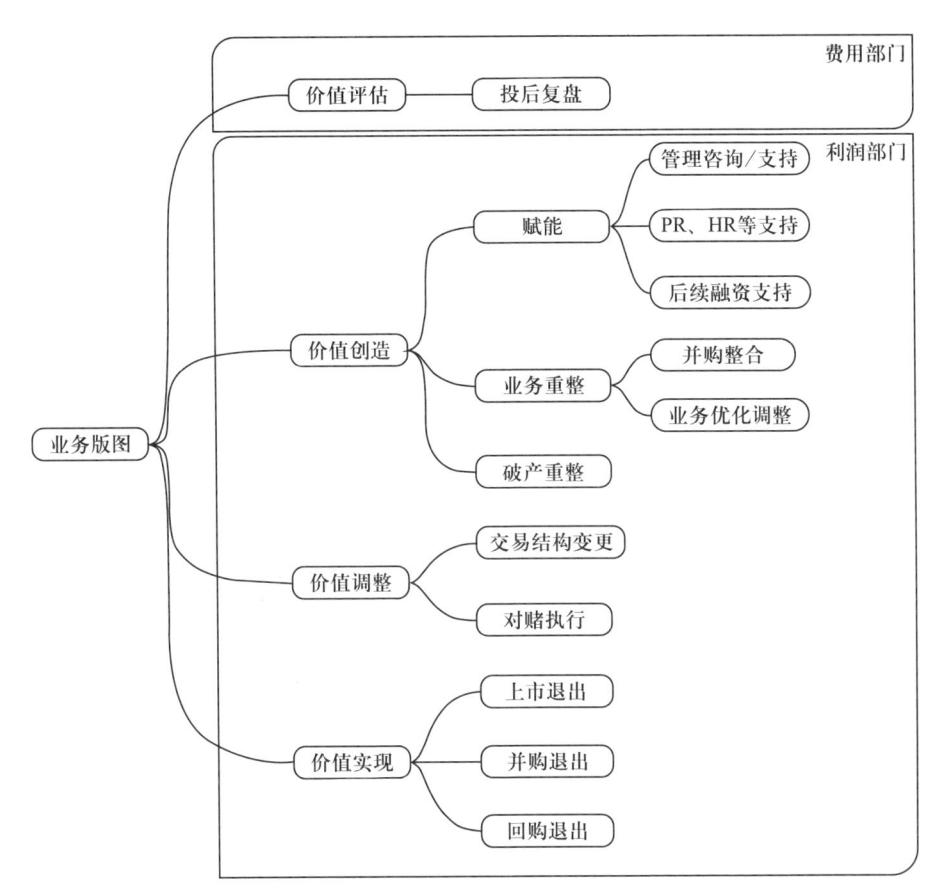

图 1-2 按价值链维度划分的投后管理外延

车",意思就是自己不创造价值,搭上被投企业的便车,通过被投企业的价值增值实现投资的增值。实际上有相当比例的投资机构能够为被投企业提供很有价值的协助,与被投企业共同创造价值。另外,一些被投企业可能会破产,如有机会进行重整,也是一个价值创造的过程。如果被投企业的发展不及预期,投资价值不可避免地会下降,此时需要根据协议约定做估值调整,一般是通过现金补偿或者股权补偿的方式做调整,也有被投企业管理层向投资机构让渡部分管理权而进行间接的补偿。价值实现(也即"退出")是投资的最终目的。退出路径一般包括 IPO 退出、并购退出、股权转让、回购退出等,也有通过基金份额转让实现退出的,但不是主流。

我们展示这些投后管理的外延，主要目的是向读者展示一名投后管理人员主要的工作内容。一个投后管理人员大量的时间会花在投后项目的跟踪上，这些工作包括定期拜访、与企业管理人员沟通、撰写拜访报告，在季度和年度结束时，还需要撰写定期复盘报告，向投资机构的高层汇报复盘结果。这些工作涉及数据收集、数据整理以及投资价值分析等技术问题。

针对不达预期的项目，还需要制订风险处置的方案（比如对赌）或资产处置的方案（比如卖出止损），通过公司决策后再去实施，包括谈判、交易撮合或者其他商务洽谈活动。这需要沟通能力、协调能力以及社交能力等综合能力。

对于正常的项目，也需要寻求"赋能"的机会，尽力协助企业进行业务优化升级、并购扩张、技术升级、后续融资背书、股权架构设计、管理层激励方案以及内部管理提升等。这不仅需要投后人员具备产业方面、行业方面和企业管理方面的知识，同时需要投后人员具备调动整个投资机构的资源和能力，与已投企业一起创造价值，这涉及大量的外部的和内部的沟通协调。

对于进入退出期的项目，投后人员需要考虑退出路径，如果是已经 IPO 的项目，投后人员需要考虑卖出时机的选择、卖出方式（大宗交易还是公开市场转让等）并实施该退出方案。如果是通过并购或其他方式退出，投后人员一般需要形成一个退出方案，经过公司有关部门决策后实施。这类退出方案一般需要艰苦的商业谈判，包括价格的磋商和各种交易条款的谈判。

从时间分配看，投后人员大部分的时间集中在日常的沟通和报告撰写上，小部分时间花在沟通协调和交易谈判上。表面上看，真正创造的正是那些沟通协调和交易谈判，但我们不能说大部分时间都不创造价值，如果没有日常的沟通和报告的撰写，投后人员根本不可能深入了解已投企业的情况，又怎么可能做好其他投后管理工作呢？关键业务的推进，正是依赖于平时基本功的积累。

第二章　投后管理的策略

一、投后策略

策略，即总的价值取向和工作原则。在投资机构里，经常会提到"投资策略""投后策略""风控策略"等名词。一个成熟的投资机构一般都有自己独特的投资策略、投后策略和风控策略。

所谓投资策略，即关于赛道选择、投资标的遴选、尽调方法、投资分析和投资决策的一系列总的价值取向和工作原则，这些价值取向和工作原则通过一系列管理制度落实到日常运营中。同理，投后策略是关于投后的定期跟踪、定期报告、投后赋能、估值调整、退出机制等重要问题的一系列总的价值取向和工作原则。风控策略是对风险识别、风险评估、风险处置和风险责任主体认定等问题的一系列总的价值取向和工作原则。

一个深思熟虑的投资机构，它的投资策略、投后策略和风控策略应该是协调的，价值取向应该是一致的。当然，从市场上很多机构的募资说明书看，大多数机构的策略并不清晰，或者并不协调，一看就是七拼八凑的。关于如何制定协调一致的投资策略、投后策略和风控策略，将在本章的第三节展开。

笔者经常听到市场上从事投后管理的人讲他们的投后策略，但鲜有讲得清楚的。很多人混淆了"投后策略"和"投后技术"的概念，很多人讲到策略，就会讲一堆具体操作方法，甚至讲具体案例，这其实是技术层面的事情，并不是策略层面的事情。当然，投后管理的技术层面和策略层面并没有高低之分或者轻重之分。没有技术基础，谈策略也是空谈；没有策略指引，做多少技术工作都找不到方向。在此不谈技术，重点说策略，因为后续章节都是关于技术的论述。

比如，一家以早期投资为主的投资机构，它的投后策略主要是复盘，通过复盘优化赛道选择、优化投资标的的遴选，以及做组合管理，这样的投后策略对于这家机构是合适的；而一家以 pre-IPO 投资为主的投资机构，它的投后策略是以处置不良项目为主，包括执行对赌或者回购、并购退出等，这跟它的投资策略、风控策略相协调。一个有产业背景的垂直赛道的投资机构，它的投后策略是为被投企业提供业务优化升级的支持，因为它有产业资源和技术优势，这也是一个合适的投后策略；一个以并购为主的投资机构，它的投后策略主要是并购对象的业务整合。

这些策略千差万别，但没有优劣之分，能够奏效的策略就是好策略。不同的策略需要的技术基础会有侧重，但任何一个有一定规模的投资机构都会涉及所有的技术问题，因此，制定明确的投后策略非常重要。投后的目标是什么？要为整个组织提供什么样的价值？这些问题直接决定了后续的若干具体工作。只有投后管理能提供明确的价值，它才会成为利润部门，而不是费用部门。

归本溯源，所谓投资策略、投后策略和风控策略，其实是"赚什么钱，怎么赚这些钱"的问题。如果赚"发现价值"的钱，那就广撒网，提高命中率；如果赚"创造价值"的钱，那就聚焦赛道，聚焦企业，给企业赋能，一起创造价值；如果赚体制的钱（比如一二级市场差价、流动性溢价），那就聚焦 pre-IPO 企业。当然，随着市场的变化，这些赚钱的机会也会轮动，策略也需要作出调整。也有的机构不仅有一种策略，可能会有很多的策略，不同的团队、不同的行业也会有不同的策略。但无论投资时讲什么样的故事，都必须通过投后的运作把故事变成现实，所以，投后策略是投资策略的延续。有什么样的投资策略，就要配套什么样的投后策略。一个投资项目，短则几周长则几个月就可以作出投资决策并完成投资，但投后管理却需要跟踪几年甚至十几年。投后管理是投资策略的兑现环节，把 IRR 的故事真正变成 DPI 的现实。除投资和投后策略外，还有一个贯穿全过程的风控策略，是投资和投后策略的方向盘及刹车系统。

二、不同类型投资机构的投后管理策略

总的来说，市场上主流的投资机构一般分为 PE 投资、VC 投资和产业投资，因这三类机构的投资策略各有不同，导致投后管理策略有明显区别。

（一）PE 投资的投后管理策略

在国外，PE 投资一般是指并购基金，国内的 PE 投资一般是 pre-IPO 阶段的投资基金。所谓 pre-IPO 阶段，一般指被投企业会在最近一到两个会计年度内申报 IPO。因为国内多层次资本市场尚未完善，IPO 的企业一般都是成熟的中型甚至大型企业，其商业模式已经得到市场的充分验证，管理模式也比较成熟，甚至很多情况下被投企业并不需要融资，在投资机构大量的游说、动员之下接受投资，因此，那些通过投资 pre-IPO 阶段的项目获利的投资机构，可以称得上是真正的"搭便车"了。当然，pre-IPO 阶段的投资机构也经常宣称"为企业赋能"，但实践中很少能落地。随着国内 IPO 注册制的推进，一二级市场的差价越来越小，pre-IPO 投资的获利空间越来越小，过去聚焦于 pre-IPO 的投资机构逐渐开始做业务转型，一些业务转型不太成功的机构则面临业务萎缩的窘境。

聚焦 pre-IPO 的投资基金的投后管理工作主要有两个方向：一是对符合预期的项目，主要是推动其上市；二是对不达预期的项目，主要是通过并购或者回购等手段尽快变现退出。目前，国内的 IPO 还远未达到市场化的程度，IPO 的主要障碍集中在合规问题上，发行承销难度不是很大，所以，对于 IPO 申报较为顺利的项目，投资机构实在没有什么重要的投后管理工作去做，无非是一些事务性的配合工作。但是，对于那些因为种种原因申报 IPO 不顺利的项目，甚至申报 IPO 无望的项目，则需要投资机构投入大量的投后管理力量。

按照一般投资协议的约定，一旦 IPO 失败，投资机构有权要求企业或者实际控制人回购其股权。因为 pre-IPO 阶段的项目一般都是规模较大的企业，

有一定的资产，实际控制人也有一定的财力，在 IPO 失败的情况下，投资机构在大多情况下会寄希望于通过回购来回笼部分投资资金，投后管理团队一般会通过与实际控制人谈判甚至诉讼来主张这项权利。对于 IPO 失败的项目，还有一个很重要的渠道是通过并购实现退出，寻找并购方并促成交易也是投后管理团队的一项重要工作。

总之，PE 投资（或曰 pre-IPO 阶段的投资）的投后管理主要针对的是不达预期的项目，也即 IPO 无望的项目，要么通过投行的手段（比如并购）实现退出，要么通过商业谈判的手段或者律所的手段（比如诉讼）回购止损。

（二）VC 投资的投后管理策略

VC 投资是指风险投资，一般聚焦于较早期的项目，项目的商业模式已经得到了初步的验证，但尚未形成规模，在这个阶段进行投资无疑风险较大，相应地，获利空间也较大。这些项目大多集中于高新技术领域或者文化创意领域，一般是轻资产的，实际控制人大多是科学家或者知识分子，也没有很雄厚的财力，这些项目一旦投资失败，往往只能选择"容错"。

VC 阶段的投资机构投后管理一般会聚焦于为被投企业赋能，因为被投企业也不是很成熟，在业务模式或者管理运营方面确实有很多有待提高的地方，投资机构可以在技术升级、业务优化、后续融资背书、股权架构设计、管理层激励方案、并购支持以及内部管理等方面提供支持。

另外，VC 投资机构的投后复盘也是非常重要的环节。在 VC 机构里，复盘的重要性要高于 PE 机构，因为 PE 机构投资的企业都是成熟期的项目，投资决策更多地基于历史信息，而 VC 机构投资的都是成长期的项目，投资决策更多地基于未来的预测，所以，在 VC 机构里，定期地复盘投资决策以检验当时的预测是否准确是非常重要的，由此可以提高投资决策能力，更重要的是通过投后复盘能够快速地对投资策略进行调整和优化。

如果说 PE 机构里投后管理主要解决的问题是：投得不好的项目怎么办？那么，VC 机构里投后管理主要解决的问题就是：投得怎么样？当时的投资决策是不是对的？我们还能为被投企业做什么？在 VC 机构里，投资决策的主要落脚点是提高成功率，对于投资失败的项目，大多只能愿赌服输。二者比较如表 2-1 所示。

表 2-1　PE 和 VC 投后管理的目标比较

	PE	VC
投资阶段	成熟期	早期
投后主要课题	投得不好的项目怎么办	投得怎么样？当时的投资决策是不是对的？我们还能为被投企业做什么
符合预期项目	赋能方面没有太多事情做	赋能方面有很多事情做
失败项目	执行回购	愿赌服输，偶然执行回购

（三）产业投资的投后管理策略

产业投资一般指以提高产业协同度而进行的投资，比如一些上市公司设立的行业并购基金、一些大型产业集团设立的产业投资基金。现在有很多的地方产业引导基金也常被称为产业投资，但因其仅发挥产业引导作用，并不寻求对于产业的控制力，我们认为这些产业引导基金不是产业投资，在此不做讨论。

产业投资的主要目的是提升投资机构对行业或者产业的控制力，这种控制力一般体现在市占率的提升、盈利能力的提升、创新能力的提升、上下游定价权的提升、品牌影响力的提升以及优秀人才笼络能力的提升等方面。如图 2-1 所示。

PE 投资或者 VC 投资一般又称为财务投资，财务投资不寻求对被投企业的控制力，但产业投资一般寻求控制力，所以，产业投资一般投资额度较高，甚至寻求控股被投企业。鉴于此，很多的产业投资机构会介入被投企业的业务管理，甚至更换管理层。**产业投资的获利不依赖于退出变现，而是通过合并报表提高资产质量、增厚利润，或者通过协同优化业务等手段获利，所以，产业**

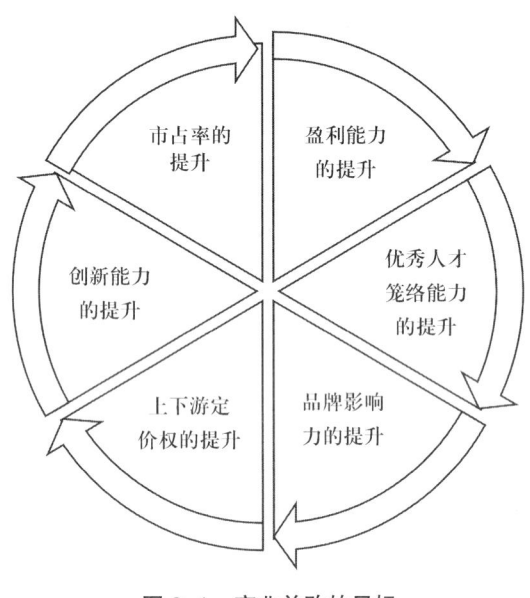

图 2-1 产业并购的目标

资本的投后管理更多地集中在业务管理上，这一点与财务投资有明显的区别。如表 2-2 所示。

表 2-2 产业投资与财务投资的区别

		财务投资	产业投资
投资		参股投资	参股投资/控股投资
投后		不参与经营管理	参与/主导经营管理
		不谋求控制力	谋求控制权
		可供出售/交易性金融资产	长期股权投资
		目的是出售	长期持有/出售

一些财务投资机构可能也会做一些产业投资，比如高瓴资本控股百丽国际就是典型的产业投资。2017 年 7 月，百丽国际完成私有化，高瓴持有 57.6% 的股份，成为百丽国际新任控股股东。私有化之后，高瓴资本张磊亲自管理百丽国际，为百丽国际注入了先进的技术和管理创新思维（聚焦客户、去中心化、以人为本、赋能终端），以期赚取百丽国际产业升级带来的价值增值。

三、如何制定一个投资机构的投后策略

笔者曾经跟一个投后总监聊天，问他们公司的投后策略是什么。他回答说，策略这个东西太虚了，我们就是一个项目一个项目去做，做实事。基于这个回答，我认为他是一个优秀的投后经理，但并不是一个合格的投后总监。处理好每一个项目的投后事宜，这是投后经理的任务，但作为投后总监，应该跳出项目，超越具体业务，思考整个公司的投后策略是什么，投后到底要为整个组织提供什么样的价值。只有思考清楚整个公司的投后策略，才能知道应该配置什么样的团队，应该如何考核他们，如何激励他们，主要的管理精力应该分配到哪里。前文已经讨论过，不同的策略需要的技术完全不同，进而需要配置不同的团队，比如不良资产处置和赋能，这两个业务需要完全不同的技术团队，前者主要是法律和投行事务，后者主要涉及产业和管理运营方面的问题。相应地，针对不同的业务，公司对于团队的KPI要求也不同，激励机制也不同。

制定一个投后策略并不是简单的事情，投后策略属于一个投资机构的顶层设计，关系到公司的很多板块，所以，需要策略制定者有顶层设计的思维和视野。我们知道，任何一个投资机构都有自己的主张，就是所谓的"投资理念"，所有的投资、投后和风控策略都应该基于投资理念，是投资理念的执行和兑现。所以，一个投后负责人在制定投后策略时，首先应该完整准确地理解所在公司的投资理念是什么。以下是一些主流投资机构的投资理念，这些信息来自各机构官网。

红杉资本：创业者背后的创业者。

高瓴资本：守正用奇；弱水三千，只取一瓢；桃李不言，下自成蹊。

经纬中国：持续重仓中国、聚焦中早期；坚持创业者第一。

鼎晖投资：与奋斗者同行，创造长期价值。

弘毅资本：智汇资本，创造价值。

蓝驰创投：为下一个变革而生。

深创投：发现并成就伟大企业。

我们在读到这些主张的时候，会对这家机构形成一个印象。红杉资本的"创业者背后的创业者"，会让人联想到这是一家聚焦创业期企业的投资机构，并且能为创业者带来一些服务，做创业者背后的创业者。蓝驰创投的"为下一个变革而生"，我们会觉得这家投资机构可能更关注颠覆性的技术。深创投的"发现并成就伟大企业"，给人的感觉是这家机构更关注行业中的潜在领导者。我们不能把这些理念主张看成是一些空洞无物的口号，这些理念体现了整个投资机构的底色，也反映了这家机构领导者最深层的心理需求。

在确定投资理念的时候，投资机构的创始人一般需要问自己几个问题：

（1）自己有哪些资源？

（2）要赚哪些钱？如何去赚这些钱？

（3）我们最想让客户（有限合伙人和被投企业）记住我们哪些特征？为什么？

（4）我们与别人有什么不同？为什么要坚持这些不同？

在投资理念的指引下，会相应地产生投资策略。以下这些问题可以协助理解投资策略，把这些问题都回答了，投资策略就出来了。

（1）投什么？包括投资哪些赛道的企业？投资哪些阶段的企业？有哪些最基本的企业筛选标准？为什么选择投资这样的企业？不会投资哪些企业？

（2）怎么投？尽调的重点是什么？一般基于什么样的逻辑去估值？怎么才算是合理的估值？交易结构怎么设计？一般看重哪些投资条款？

（3）投资失败怎么办？怎么判断投资失败？投资失败后会采取哪些举措？有哪些止损的举措？

（4）基金合同的主要条款怎么约定的？封闭期几年？门槛收益是多少？收益怎么分成？有哪些事项需要咨询委员会（或者顾问委员会等）决策？

只有完整准确地理解了投资策略，才能有针对性地制定投后策略。在制定投后策略时，只要我们回答了以下问题，投后策略就出来了。

（1）投资后如何跟踪这些被投企业的经营业绩情况？由谁跟踪？跟踪什么信息？针对特定行业，哪些信息是重要的？

（2）投后如何去复盘？投资时的预期是什么？投后怎么判断是否符合预期？哪些情况下会认为不符合预期？哪些情况下会定义为投资失败？项目层面的复盘重点是什么？基金层面的复盘重点是什么？有些机构还会复盘投资经理对于所关注赛道投资机会的把握情况。

（3）投后的一些重要事项的决策如何做出？哪些属于重要事项？决策程序是怎样的？

（4）不良资产如何处置？如何认定不良资产？由谁处置？

（5）投后的考核激励机制如何？有哪些 KPI？如何认定工作成果？有哪些激励措施？

四、投前和投后的分工

几乎有一定规模的投资机构都设置有专门的投后管理部门，在不同的机构里，投后管理部门的职责各不相同。有的投后管理部门规模很大，职责范围也很广泛，但大多机构的投后管理部门规模不是很大，职责范围比较聚焦——这个问题涉及投前和投后的分工。**一般地，投前和投后分工分为划断式、分工协作式和监督管理式。**

（一）划断式

划断式指投资完毕后的事项全部交给投后管理部门，投资部门不再参与投后管理工作。划断式的分工比较少见，迄今为止，据笔者所知，只有九鼎投资历史上曾经实行过划断式的投后管理。九鼎投资之所以采取划断式的投后管理，是因为在业务迅速扩张的过程中，投资部门忙于应付拟投资项目的尽职调查，无暇顾及已投项目的投后管理，所以公司设立了专门的投后管理部门接管投后工作。

划断式的投后管理要求设置建制完整的、有一定规模的投后管理部门。一旦划款完毕，就进入了投后管理阶段，投资部门将已投项目的相关资料完整地交接给投后管理部门，投后管理部门建立已投项目档案，并开始执行投后管理工作。这种投后管理工作包括投后复盘、参加"三会"、投后赋能、协议执行、退出执行等各项事务，也包括一些投资失败项目的风险处置、资产处置等工作。

划断式的投后管理部门需要全面的投资管理、资产管理和管理咨询等方面的人才，需要独立完整的管理体系和考核激励体系。因为划断式的投后管理事务繁多，每名投后管理人员有一定的管理半径，不可能负责太多的已投项目。像九鼎投资这样的大型投资机构，投后管理部门规模最大时人数超过30个。

划断式的投后管理有一定的优势。第一，投后管理的效率大大提升。因为投后管理人员专门从事投后管理工作，不会被其他工作牵扯，能够全身心投入投后工作中，自然提升了工作效率。第二，投后管理的专业性大大提升。投后管理人员长期聚焦于投后工作，通过长期的实践，逐渐探索出很多专业的做法，形成投后管理的宝贵经验。笔者曾经牵头制定了九鼎投资的投后管理工作指南，是业内为数不多的投后管理工作的一份全面的、专业的总结和指引。第三，投后管理专门人才的培训基地。业内普遍认为，投后管理是一项"费力不讨好"的工作，事情繁多、琐碎，尤其需要处理投资失败的项目，需要承担巨大的心理压力，很多的投资人员不愿意从事投后管理。在专门的投后管理部门中，专业的投后管理人员经受了长期的专业训练和心理建设，具备投资机构中其他岗位人员不具备的专业素质和心理素质。

当然，划断式的投后管理也有一定的弊端。第一，募投管退是投资的完整流程，每名合格的投资经理都应该熟悉各个环节，划断式的投后管理，使投资人员成为流水线的一个环节，不能建立完整的投资框架。尤其是长期不从事投后管理的投资人员，在分析项目时难免忽视投后管理的困难，把投资退出想得过于理想化，投资风格逐渐偏向激进。第二，投资人员和投后管理人员的投资理念未必一致，导致投资时的规划到了投后不一定能得到理解和执行。一些本应该继续持有的项目可能因为投后人员不看好而过早退出，一些本应属于投资失败的项目因为投后人员看好而继续持有。第三，划断式的投后管理仅适用于业务快速扩张期的机构，因为划断式的投后管理部门需要大量人员，是一个巨大的费用部门，机构一旦进入平稳发展期，这个巨大的费用部门就会成为累赘。

（二）分工协作式

大部分机构的投后管理部门与投资部门是分工协作式的。投后管理部门专门处理一些特定的事项，比如战略管理咨询、协助税务筹划或者不良项目的处置等工作。其他的投后管理工作还是由原来的投资团队进行。各个机构因为其投资风格、发展历史和现状等各不相同，所以，对于投后部门的定位也不同，投前和投后的分工也相应的各异。

尽管各个投资机构的投后部门分工不同，但几乎所有的投资机构都把一项重要工作交给投后管理部门，那就是不良项目的处置。如表 2-3 所示。

表 2-3 头部机构的投后管理策略与职责

机构	投后策略	投后部门职责分工
高瓴资本	①为 PE 项目的并购整合、企业转型升级带来时间和空间 ②不良项目的处置	①合伙人和投资团队亲自操刀并购整合（比如腾讯京东整合、百丽集团升级等） ②设立专门的投后部门进行不良项目的处置
华平资本	①单项目投资规模较大，管理费可以覆盖单项目的赋能成本 ②华平资本是老牌投资机构，投资时间较长，有一定数量的不良项目累积	①花大量费用设立增值服务部门，为被投企业提供 IT 基础设施支持 ②设立资产处置部门，专门处置不良项目
IDG资本	①老牌投资机构，几乎投中了全部第一代互联网企业头部项目，围绕这些巨头可以做战略整合。对于一般项目，聚焦于赋能 ②因为投资时间较长，有一定数量的不良项目累积，需要进行处置	①围绕头部项目的战略咨询服务 ②针对不良项目的资产处置工作

续表

机构	投后策略	投后部门职责分工
红杉资本	①投后聚焦增值服务，比如协助后续融资，以及 PR 和 HR 方面的支持 ②老牌投资机构，有一定的不良项目积累	①增值服务工作分散在投资部和后台部门 ②投后管理部集中进行资产处置

分工协作式的投后部门有较为明显的优势。第一，投后管理部门人员数量不需要很多，可以有效地控制成本。第二，投资团队基本上能够把控募投管退全流程，有利于建立完善的投资分析框架。第三，投后管理团队负责的工作需要专门的专业技能，投资团队不一定具备，分工协作有利于工作的推进。

分工协作式也有一些劣势。分工协作需要协调，增加了沟通成本和管理成本，个别的情况下可能出现相互推诿责任的现象。

（三）监督管理式

也有相当数量的投资机构采用监督管理式的投后管理，有一些知名的投资机构也采用此类管理方式。某上海大型知名 VC 机构的投后管理部门主要由财务人员和法务人员组成，重点工作是介入投后复盘，对投资团队的复盘报告进行复核。另外，投后管理部门还从基金运营的角度督导退出工作，提升基金的 DPI 指标。

监督管理式的投后管理很少介入具体的投后工作，主要是对投后工作进行督导和考评，具体的投后管理工作交给投资团队。监督管理式的投后管理比较适用于投资早期阶段项目的投资机构，此类投资机构的不良项目没有处置的可能性，只能通过投后复盘来调整和优化投资策略，而投后复盘必须进行复核和挑战，否则投资团队可能不会诚恳地承认投资决策的失误。

监督管理式的投后部门一般人员较少，且很多人员可以兼职投后管理岗位，运营成本较低。但投资团队的投后管理工作任务较重，在被投企业上升到一定数量后，投资团队可能不堪重负，需要投后管理部门适当地接管部分具体工作。

当然，上文提到的各个机构，它们的投后管理模式也不是单一的，或者一成不变的。不同的发展阶段、不同的项目、不同的团队，可能采取的分工模式不同。正如我们的分析表明，这些分工模式并无绝对的优劣，应根据现实的需求进行选择。

第三章　投后管理的依据

投资机构对被投企业做投后管理，主要依据是基于投资协议的约定。另外，只要符合商业逻辑，投资机构和被投企业都有利润，也有投后管理合作的空间，比如常说的"投后赋能"，就是基于商业逻辑的投后管理工作。

一、法律条款上的依据

（一）投资协议的主要条款分析

1. 投资估值

关于投资估值有很多的说法，比如整体估值（V）、投前估值、投后估值等。投资协议都会约定投资机构的本次投资的金额（M）和本次投资的金额在被投企业所占的股权比例（R），由此即可确定被投企业的整体估值。

整体估值（V）= 本次投资的金额（M）/ 本次投资的金额在被投企业所占的股权比例（R）

投后估值 = 投前估值 + 本次所有投资机构的投资总额

在投资协议中，关于估值的典型表达如下：

> ××投资机构同意按照增资后估值××亿元向目标公司（即被投企业）增资，以××万元认缴目标公司新增注册资本××万元（占本次增资完成后目标公司注册资本的××%）。

2. 付款先决条件

投资机构一般还会要求被投企业在投资划款之前完成一些事项，比如要求把一些本应属于被投企业的固定资产或者无形资产转移到被投企业名下，或者要求关联方借款偿还完毕或者实缴出资到位，或者要求开立投资资金监管账户以及要求被投企业与核心团队签署服务协议和竞业禁止协议等。一般这些先决条件都直接关系到被投企业的投资价值，比如，固定资产和无形资产直接关系到被投企业的资产负债表；关联方借款关系到被投企业的现金流量表；对于高新技术企业，核心技术团队是投资价值的保证。如果这些先决条件不满足，被投企业的投资价值会大打折扣，这是投资机构要求在付款前解决这些问题的原因。

在投资协议中，关于付款先决条件的典型表达如下：

> ××投资机构有权在目标公司（即被投企业）满足以下条件下支付投资款：
> A. ××持有的××固定资产、××无形资产无偿转让给目标公司，并办理完毕登记手续；
> B. ××公司（或自然人×××）向目标公司偿还完毕欠款××万元及利息××万元；
> C. ××公司（或自然人×××）向目标公司出资××万元实缴完成；
> D. 目标公司应与核心团队成员××、××、××、××签订×年服务协议，并签订竞业禁止协议；
> E. 目标公司应开立由目标公司与××投资机构共同监管的资金账户。

3. 业绩对赌

业绩对赌是很常见的条款，也称为估值调整条款，顾名思义，这些条款涉及投资后的估值调整。我们在此不对投资机构的估值模型展开介绍，相关内容会在下一章中涉及。我们仅介绍一些原则，投资机构在对被投企业进行估值时，是以该企业未来的业绩预测作为基础的，一般是以净利润作为业绩指标，有一些企业短期内没有盈利，可能会以营业收入作为业绩指标。对于电商企业，一个常用的有意义的指标是成交总额（GMV），也就是零售业说的"流水"。需要注意的是，成交总额包括销售额、取消订单金额、拒收订单金额和退货订单金额。在互联网行业，可能会关注新增用户数、活跃度、留存率、每客户收入等指标。对于创新药行业，可能会以产品线、研发进度等作为估值基础。还有一些特殊的企业，比如SpaceX一类的企业，是以一些里程碑事件（比如火箭首次成功入轨、首次成功回收、首次重复使用等）作为估值驱动因素。

本质上说，估值调整是用来解决信息不对称问题的。一个企业未来能否取得预测的业绩或成就，投资机构不可能比企业的实际控制人更清楚。对于投资机构来说，以未来的业绩或成就作为估值基础进行投资，是有一定风险的，所以，投资机构一般都会要求在投资协议中约定对赌条款，如果未来业绩或成就没有达到预期，则实际控制人或者主要股东及管理层需要对投资机构进行补偿。

补偿的形式上，常见的有现金补偿和股权补偿两种方式。也有一些不太常见的案例中，被投企业的管理层通过向投资机构让渡部分管理权进行补偿。无论是现金补偿还是股权补偿，基本原理都是，在业绩未达预期的情况下，通过补偿降低投资估值，使得新的估值仍然合理。

我们以净利润作为对赌指标，以现金形式进行补偿来举例：

原估值 = 原投资额 / 投资所占的股权比例

现金补偿后估值 =（原投资额 − 现金补偿金额）/ 投资所占的股权比例

要使得：原估值 / 投资时承诺净利润 = 现金补偿后估值 / 实际实现净利润

则，现金补偿金额 = 原投资额 ×（1− 实际实现净利润 / 投资时承诺净利润）

如果是以股权形式进行补偿，则：

原估值 = 原投资额 / 投资所占的股权比例

股权补偿后估值 = 原投资额 /（投资时所占的股权比例 + 补偿的股权比例）

要使得：原估值/投资时承诺净利润＝股权补偿后估值/实际实现净利润

则，补偿的股权比例＝投资时所占的股权比例×（投资时承诺净利润/实际实现净利润－1）

在具体的业绩对赌条款中，还需要考虑业绩补偿的责任主体、业绩指标的确认方式、业绩补偿的通知方式、业绩补偿方式的选择权、某些情况下的豁免补偿、已补偿现金或者股权的扣除方式、责任主体无力履约的安排、公司控制权变更后的业绩补偿安排等各个事项。典型的条款例子如下：

业绩承诺

A. 主要股东××向××投资机构承诺并保证

2017年、2018年、2019年及2020年是业绩承诺期间，目标公司应完成下列承诺利润：

（A-1）目标公司于2017年实现的合并报表归属于母公司的税后调整后净利润（扣除非经常性损益）应不低于6000万元（"2017年承诺净利润"）；

（A-2）目标公司于2018年实现的合并报表归属于母公司的税后调整后净利润（扣除非经常性损益）应不低于12000万元（"2018年承诺净利润"）；

（A-3）目标公司于2019年实现的合并报表归属于母公司的税后调整后净利润（扣除非经常性损益）应不低于12000万元（"2019年承诺净利润"）；

（A-4）目标公司于2020年实现的合并报表归属于母公司的税后调整后净利润（扣除非经常性损益）应不低于14400万元（"2020年承诺净利润"）。

各方同意，上述业绩承诺期间的承诺净利润指标以××投资机构认可的第三方会计师事务所独立审计后出具的无保留意见的审计报告中的数据为准。2017 年的审计报告应在 2018 年 3 月 31 日前出具，2018 年的审计报告应在 2019 年 3 月 31 日前出具，2019 年的审计报告应在 2020 年 3 月 31 日前出具，2020 年的审计报告应在 2021 年 3 月 31 日前出具。

B. 现金补偿和股权补偿承诺

（B-1）2017 年业绩补偿承诺。

如果目标公司 2017 年经审计的合并报表归属于母公司的税后调整后净利润（扣除非经常性损益）（"2017 年实际净利润"）没有达到 2017 年承诺净利润，即 2017 年实际净利润低于 6000 万元，则主要股东应按照如下公式向 ×× 投资机构进行现金补偿或股权补偿：

（a）2017 年现金补偿金额 = 投资额 ×（1-2017 年实际净利润/2017 年承诺净利润）；

（b）2017 年股权补偿比例 = 投资时所占的股权比例 ×（2017 年承诺净利润/2017 年实际净利润 -1）。

（B-2）2018 年业绩补偿承诺。

如果目标公司 2018 年经审计的合并报表归属于母公司的税后调整后净利润（扣除非经常性损益）（"2018 年实际净利润"）没有达到 2018 年承诺净利润，即 2018 年实际净利润低于 12000 万元，则主要股东应按照如下公式向 ×× 投资机构进行现金补偿或股权补偿：

（a）2018 年现金补偿金额 = 投资额 ×（1-2018 年实际净利润/2018 年承诺净利润）- 已补偿现金金额；

（如此处 2018 年现金补偿金额计算结果为负数，则 2018 年现金补偿金额取零，即表示 2018 年无须现金补偿）

（b）2018 年股权补偿比例 = 投资时所占的股权比例 ×（2018 年承诺净利润/2018 年实际净利润 -1）- 已补偿股权比例。

（如此处 2018 年股权补偿比例计算结果为负数，则 2018 年股权

补偿比例取零，即表示2018年无须股权补偿）

（B-3）2019年业绩补偿承诺。

如果目标公司2019年经审计的合并报表归属于母公司的税后调整后净利润（扣除非经常性损益）（"2019年实际净利润"）没有达到2019年承诺净利润，即2019年实际净利润低于12000万元，则主要股东应按照如下公式向××投资机构进行现金补偿或股权补偿：

（a）2019年现金补偿金额＝投资额×（1–2019年实际净利润/2019年承诺净利润）– 已补偿现金金额；

（如此处2019年现金补偿金额计算结果为负数，则2019年现金补偿金额取零，即表示2019年无须现金补偿）

（b）2019年股权补偿比例＝投资时所占的股权比例×（2019年承诺净利润/2019年实际净利润–1）– 已补偿股权比例。

（如此处2019年股权补偿比例计算结果为负数，则2019年股权补偿比例取零，即表示2019年无须股权补偿）

（B-4）2020年业绩补偿承诺。

如果目标公司2020年经审计的合并报表归属于母公司的税后调整后净利润（扣除非经常性损益）（"2020年实际净利润"）没有达到2020年承诺净利润，即2020年实际净利润低于14400万元，则主要股东应按照如下公式向××投资机构进行现金补偿或股权补偿：

（a）2020年现金补偿金额＝投资额×（1–2020年实际净利润/2020年承诺净利润）– 已补偿现金金额；

（如此处2020年现金补偿金额计算结果为负数，则2020年现金补偿金额取零，即表示2020年无须现金补偿）

（b）2020年股权补偿比例＝投资时所占的股权比例×（2020年承诺净利润/2020年实际净利润–1）– 已补偿股权比例。

（如此处2020年股权补偿比例计算结果为负数，则2020年股权

补偿比例取零，即表示2020年无须股权补偿）

C. 协商同意

在某一业绩承诺的年度，如实现业绩达到承诺业绩的80%，即：（承诺业绩－实际实现业绩）/承诺业绩≤20%，则主要股东无须对××投资机构进行现金补偿或者股权补偿。

D. ××投资机构有权选择补偿方式

支付现金补偿金额或转让补偿股权时间为自××投资机构发出要求现金补偿或股权补偿的书面通知之日起十五（15）个工作日内由主要股东以现金方式向××投资机构支付或转让补偿股权，若主要股东逾期支付现金补偿或转让股权，则主要股东应按现金补偿金额的百分之十二（12%）年复合利率偿付逾期支付利息。

E. 主要股东××保证

如主要股东在××投资机构提出支付现金补偿金额或转让补偿股权要求的当年不能全部履行义务，则××投资机构有权要求目标公司和主要股东自当年起将未分配利润扣除日常经营所需后全部用于分红，且主要股东××将放弃今后享有的可分配利润并补偿给××投资机构，直至本条约定的现金补偿和股权补偿义务履行完毕。目标公司的分红行为不影响××投资机构要求主要股东继续履行现金补偿和股权补偿义务，主要股东放弃享有的可分配利润并向××投资机构补偿并不影响其他股东享有的分红权利。

F. 后续补充

如后续存在上市公司或其他第三方以重大资产重组、非公开发行股票或其他方式收购目标公司全部或部分股权的情形（"后续资本运作"），则各方同意以下事项：

（F-1）除经上市公司或收购第三方及××投资机构书面同意调整外，本协议约定的业绩承诺及现金补偿和股权补偿承诺义务仍继续有效，且将自动转为对上市公司或收购第三方的业绩承诺及现金补偿和股权补偿承诺义务；

（F-2）××投资机构不承担任何业绩承诺及现金补偿和股权补偿承诺义务，业绩承诺及现金补偿和股权补偿承诺义务全部由主要股东××承担；

（F-3）主要股东××同意积极配合和促成目标公司后续资本运作，在相关事项的股东会及董事会表决时投赞成票。

这是一个相对比较严苛的协议模板，大部分的投资案例中，都不太可能完全按照如此严苛的条款而成功签约。在具体的案例中，需要通过谈判和妥协与被投企业的实际控制人达成一致。

4. 反稀释条款

投资机构投资完成一个企业后，该企业后续还可能融资。投资机构当然不希望后续的投资机构以更低的估值入股，因为这意味着原有投资机构的投资份额价值降低了，即常说的"被稀释了"。

投资协议中一般都会约定反稀释条款，约定后续融资时不得在低于本次整体投后估值的前提下吸纳投资人。但现实中，可能确实会发生公司投资价值降低的情形，而公司又需要继续融资，此时需要以较低的估值吸纳投资人，否则，融资就不可能成功。那么，原有投资人的反稀释权利该如何保证呢？

以下的典型条款就可以保障反稀释的权利。

本次交易完成后，如果目标公司再次增加注册资本或发生其他股东所控制的股权的转让（以下简称"新投资"），则原有股东应保证：对公司的估值不应低于本次交易完成后的公司估值（即投后估值××亿元）且每股单价不得低于××增资时的每股价格，以确保××投资机构在公司的权益价值不被稀释。

> 若新投资未能符合上述要求，××投资机构有权调整其在目标公司的股权比例，以保证其在目标公司的权益价值不被稀释。具体调整方法如下：
>
> 目标公司应无偿或按照××投资机构认可的名义价格或法律允许的最低价格向××投资机构增发注册资本/股份，或者原有股东应无偿或以××投资机构认可的名义价格或法律允许的最低价格向××投资机构转让其所持有的公司股权（以下简称"补偿股权"），使得在认购/受让补偿股权后，××投资机构持有的公司股权对应每一元注册资本达到新增股权的每一元注册资本的价格。按照广义加权平均法调整后的××投资机构每一元注册资本的认购价格应按以下公式计算：
>
> $$CP2=CP1×(A+B)/(A+C)$$
>
> 其中：
>
> CP2为调整后××投资机构认购/购买公司每一元注册资本的价格；
>
> CP1为调整前××投资机构认购/购买公司每一元注册资本的价格；
>
> A指低价融资前公司的注册资本（包括公司已发行但尚未行权的可转换为公司注册资本的期权、权证及其他可转换债券）；
>
> B指低价融资的融资额除以CP1计算所得的注册资本；
>
> C指低价融资中实际新增的注册资本。

在存在多轮投资人的情况下，原有各个轮次投资人的反稀释权利保障需要用到"棘轮"条款。所谓"棘轮"条款，是指如果后续融资估值低于某些轮次的投资人的投资估值，则需要创始股东（或主要股东）给予补偿，使这些轮次的投资人的投资价格降低到后续融资估值的水平。

反稀释"棘轮"条款

（A）成交日后，在满足本协议的前提下，如目标公司以低于任一投资机构（"反稀释权人"）投资于目标公司时的每单位认购价格进行增资扩股，亦即认缴新增注册资本的股东认缴公司新增注册资本（认缴新增注册资本的股东称为"增资股东"，认缴新增注册资本的股东认缴公司新增注册资本称为"新增注册资本"）价格低于反稀释权人投资于公司时的每单位认购价格，则该反稀释权人的股权应根据本条以下条款进行调整。

（B）如增资股东认购新增注册资本的每单位认购价格（即增资股东认缴新增注册资本所支付的总价款/增资股东新增注册资本）低于反稀释权人投资于公司时的相应每单位认购价格，则该反稀释权人投资于公司的每单位认购价格将按照完全棘轮的方式调整，亦即在按照完全棘轮的方式调整后，该反稀释权人在公司持有的相应股权的每单位认购价格等于增资股东认购新增注册资本的每单位认购价格。

（C）本条中B轮投资机构的"每单位认购价格"是指B轮投资机构认购每1元人民币公司注册资本的价格，即人民币【　】元/1元人民币注册资本；PreB轮投资机构的"每单位认购价格"是指PreB轮投资机构认购每1元人民币公司注册资本的价格，即人民币【　】元/1元人民币注册资本；B轮股权补偿完成后，B轮投资机构和/或PreB轮投资机构持有的B轮未回购股权的"每单位认购价格"即为基准单价；A++轮投资机构的"每单位认购价格"是指A++轮投资机构认购每1元人民币公司注册资本的价格，即人民币【　】元/1元人民币注册资本；A+轮投资机构的"每单位认购价格"是指A+轮投资机构认购每1元人民币公司注册资本的价格，即人民币【　】元/1元人民币注册资本；A 轮投资机构的"每单位认购价格"是指 A 轮投资机构认购每 1 元人民币公司注册资本的价格，即人民币【　】元 /1 元人民币注册资本；PreA+ 轮投资机构的"每单位认购价格"是指 PreA+ 轮投资机构认购每 1 元人民币公司注册资本的价格，即人民币【　】元 /1 元人民币注册资本；PreA 轮投资机构的"每单位认购价格"是指 PreA 轮投资机构认购每 1 元人民币公司注册资本的价格，即人民币【　】元 /1 元人民币注册资本；天使轮的"每单位认购价格"是指天使轮投资机构认购每 1 元人民币公司注册资本的价格，即人民币【　】元 /1 元人民币注册资本。为避免疑义，若公司以资本公积金为全体股东同比例转增注册资本，则本条项下各反稀释权人的每单位认购价格应按比例稀释递减。

（D）反稀释调整后，各反稀释权人有权根据反稀释调整后的每单位认购价格调整其所持目标公司权益比例，以使反稀释权人所持公司权益比例达到以其增资款按调整后的每单位认购价格所可以认购的比例（"反稀释调整后的权益比例"）。

（E）为实现本条以上所述反稀释权人反稀释调整后的权益比例，可以由目标公司以总计人民币 1 元的名义价格或法律允许的最低对价向反稀释权人发行股权，或由创始股东分别且连带地以总计人民币 1 元的名义价格或其他法律允许的最低价格向投资机构转让调整所需的股权，或由公司及创始股东以现金形式补偿反稀释权人并同意投资机构对公司增资。在该调整完成前，公司不得实施该次新增注册资本或增发新的与股权相关的任何证券（包括但不限于可转债）。

5. 公司治理

很多投资机构要求被投企业给予一定的知情权、管理权或者决策权，这些权利需要在投资协议中约定清楚。一般地，这些权利可通过董事监事委派、股东会议事规则的约定、董事会议事规则约定、财务人员委派、竞业禁止等条款实现。其中，关于议事规则的约定，常用的手段是投资机构作为股东或者委派董事行使一票否决权。

典型的条款举例如下：

A. 董事会

本协议签署后，目标公司董事会由【　】名董事组成，其中×××委派【　】名董事，×××委派【　】名董事，另由【　】提名【　】名独立董事、由【　】提名【　】名独立董事。

B. 监事会

目标公司设监事会，由【　】名监事组成，由×××委派【　】名监事，×××委派【　】名监事。

C. 股东会

（C-1）股东会为目标公司最高权力机构，股东会由全体股东组成。

（C-2）股东会行使下列职权：

（a）决定目标公司的经营方针和投资计划；

（b）增减董事会人数，选举和更换董事，决定有关董事的报酬事项，成立董事会专门委员会；

（c）对目标公司增加或者减少注册资本做出决议；

（d）审议批准目标公司的利润分配方案和弥补亏损方案；

（e）对目标公司合并、分立、解散和清算等事项做出决议；

（f）修改或修订目标公司章程；

（g）决定目标公司合资及设立分支机构（包括设立子公司、分公司）事宜和决定目标公司控股子公司合资及设立分支机构；

（h）目标公司经营范围、性质、业务活动进行重大变更；

（i）修改本轮投资人权力、权利、优先性、特殊性或对此作出限制，使本轮投资人权益受限，或发行创设在任何权利方面优先于该轮增资的任何证券（包括但不限于股权、债权类证券）；

（j）修改天使轮投资人、PreA 轮投资人、A 轮投资人、B 轮投资人或本轮投资人的权利，或发行创设在任何权利方面优先于该等股东的任何证券（包括但不限于股权、债权类证券）；

（k）本协议或相关法律规定的应由股东会决议的其他事项。

（C-3）股东会会议由股东按照出资比例行使表决权，对上述第（a）至第（j）项表决事项（以下简称"重大事项"）需经代表 2/3 以上表决权的股东通过。同时，在公司上市前，××投资机构持股比例等于或高于【　】%时，目标公司就以上重大事项须获得××投资机构的书面同意；YY 投资机构持股比例等于或高于【　】%时，目标公司就以上重大事项须获得 YY 投资机构的书面同意。

D. 董事会

（D-1）董事会对股东会负责，行使下列职权：

（a）召集股东会会议，并向股东会报告工作；

（b）执行股东会的决议；

（c）决定或修改目标公司的经营计划及后续融资计划（包括发行任何证券，如发行股份、股权、可转换或可变换债、期权、购股权，或承担任何上述义务）；

（d）制订或修改目标公司的年度财务预算方案、决算方案及目标公司的利润分配方案和弥补亏损方案；

（e）制订目标公司增加或者减少注册资本以及增加或回购任何股权的方案；

（f）制订目标公司合并、分立、重组、变更公司形式、解散、中止或者清算的方案，或者申请任命相关破产接管人、管理人、司法管理人或类似人员；

（g）决定目标公司内部管理机构的设置及制定目标公司的基本管理制度（包括薪酬体系方案、奖金提取及分配计划、公司会计政策等）；

（h）决定聘任或者解聘目标公司总经理、副总经理、董事长、董事会秘书（如有）、财务负责人（含首席财务官等）等高级管理人员（含首席执行官、首席运营官等）及其报酬事项和奖惩事项（被讨论职务任免或薪酬的高级管理人员兼任董事的，不参与表决）；

（i）批准和修改目标公司员工期权计划（包括授予的总数量、行使价格、行使期限）；

（j）向股东会提请聘请或更换目标公司审计的会计师事务所或财务年度，或更换其之前使用的会计准则；

（k）在年度预算外且借款金额超出1000万元以上的借款及任何贷款；任何对外担保（保证、抵押或质押）事项；

（l）决定目标公司的重要资产（包括房产、土地使用权、知识产权、商誉或其他重要资产）的处置（包括但不限于出售、转让、赠与、放弃、损坏、抵押、质押、担保、资金拆借等），或使得目标公司和/或其控股公司发生控制权发生变化的交易；

（m）下一轮融资前，审议批准单笔金额1000万元以上（含本数）的资本性支出（包括但不限于出售、置换、转让、赠与、放弃、损坏、抵押、质押等）；审议批准单笔金额1000万元以上（含本数）的对外投资（包括控股子公司的对外投资）、收购和兼并项目；审议批准超过1000万元（含本数）以上的关联交易事项（涉及关联交易的董事不参与表决）；审议重大（争议金额1000万元及以上）诉讼、仲裁或其他争议事项，采纳重大（争议金额1000万元及以上）涉及诉讼、仲裁或争议要求的和解方案；单项超过年度预算1000万元的开支（遇政策法规要求调整的除外）；进行单笔金额超过1000万元以上的股权投资，或达成任何合资协议，或处置、稀释目标公司在任何其持股公司（包括但不限于子公司）中的权益；

（n）审议目标公司上市地点、时间和上市估值；

（o）公司成立董事会的专门委员会；

（p）公司法律、法规、规范性文件、公司章程或本协议规定的，以及股东会授予的其他职权。

（D-2）董事会决议的表决，实行一人一票，董事会决议需经全体董事过半数以上通过方为有效。董事会对以上事项进行表决时如果出现赞同票与反对票票数相同的情况，以董事长意见为准。但是，在公司上市前，对于涉及上述决议事项【 】项至【 】项、【 】项至【 】项的事宜，当××投资机构持股比例等于或高于【 】%时，需经××投资机构委派董事签字同意方为有效。

（D-3）除非过半数董事书面确认，董事会应当每季度召开一次会议，出席董事人数应达到或超过《公司法》及公司章程所规定的最低人数标准。

（D-4）董事、监事的登记：

目标公司保证依法办理董事、监事的工商登记、备案手续，并应与本次投资的工商变更手续同步完成，原股东应给予必要的配合。

E. 财务总监委派

（E-1）主要股东××承诺，本协议签署后1个月内，利用自身大股东地位或董事会席位，通过董事会任命或者直接任命的方式，安排××投资机构委派的人员担任财务总监。

（E-2）主要股东××承诺，除非有明确无误的证据证明上述提名人员有渎职行为，否则不得利用其股东或者董事权利撤换该财务总监。

（E-3）为免歧义，在此约定，财务总监的职责包括但不限于：负责公司所有财务章、所有银行预留印鉴和U盾的保管、负责公司对内对外划款的审核和批准、负责公司所有的财务制度和流程的修定和执行监督。

（E-4）××投资机构负责发放该财务总监的薪酬。

（E-5）该财务总监的考核由××投资机构和目标公司共同施行。

F. 服务期及竞业禁止

（F-1）在本协议签署后15个工作日内，目标公司核心管理人员（人员名单附后）就本次交易完成后的保密、服务期限以及竞业禁止事宜签署××投资机构书面认可的《核心管理人员承诺函》。

（F-2）目标公司核心管理人员于本次交易完成后其在目标公司的服务期限不少于5年（即本协议生效之日起60个月）。

（F-3）目标公司与其核心管理人员签署××投资机构认可的竞业禁止协议，核心管理人员自其离职后【】年内不从事与目标公司相同或类似业务（投资业务除外，投资业务指作为参股股东的持股比例不超过25%的财务性投资），但目标公司应当给予合理的补偿。

另外，在个别的案例中，还可能有总经理提名权或者业务流程加签等事项，这些都是非常强硬的管理手段，即使在产业投资中也不是很常见，在此不再赘述。

6. 回购权

回购权是投资协议中非常重要的一项权利，尤其是对于PE投资机构来说，行使回购权是很重要的止损手段；对于VC投资机构，大多会在投资协议中约定回购权，但VC投资机构一般不会寄希望于通过行使回购权而止损。

回购权是指，某些不利情况发生的前提下，比如IPO失败（甚至无望），管理层重大失信、明显不可逆的业务下滑等情况发生时，基本可以判定投资失败，此时，投资机构可以要求实际控制人、主要股东或者管理层等负有重大责任的人员回购其持有的股权，投资机构套现离场。回购利率一般不会约定得很高，且在具体执行时可以再协商，投资机构一般寄希望于通过这项权利尽量止损，不奢望赚到多少钱。

当然，即使回购条款触发，也只有极少的情况下得到了完全执行，大部分情况下只能打折扣地执行一部分，还有相当一部分根本得不到任何执行。尽管回购条款不一定能提供多少保障，但在投资协议中，其重要性仅次于对赌条款。因为在投资机构内部，对其管理资产做会计报表时，一般会假设回购条款得到完全地或者大部分地履行来做资产价值评估。对于有回购条款的资产，会计报表会更好看一些。

在有多轮投资人的情况下，回购条款会复杂一些，不同轮次的投资人可能会要求不同的回购触发条件，也会要求不同的回购利率。我们举例如下：

A. A++轮股权的回购权

（A-1）对于A++轮投资机构而言，如发生下列任一情形（以较早者为准）：

（a）公司未能于【　】年12月31日前完成向证监会或届时负责批准公司合格首次公开发行的其他政府部门递交关于合格首次公开发行的申请并获受理；

（b）创始人或创始股东出现严重违反本协议或其他交易文件规定的重大个人诚信问题，或公司出现投资机构不知情的账外现金销售收入，或由于创始人或创始股东的故意或重大过失而造成的重大的内部控制漏洞，或创始人或创始股东欺诈、侵占或挪用公司的现金等资产；

（c）现有股东或公司严重违反交易文件的规定，并且未在A++轮投资机构发出要求予以补救的书面通知后十（10）个工作日内及时采取补救措施；

（d）任一年度出现实际实现净利润少于当年承诺净利润60%的情况；

（e）因公司拥有或使用的核心知识产权产生权属纠纷或涉嫌侵权等原因对公司主营业务的开展造成实质障碍；

（f）公司创始人、董事、高级管理人员或员工因劳动关系、保密义务、知识产权等纠纷或涉嫌侵权等原因对公司主营业务的开展造成实质障碍；

（g）公司其他股东要求回购其持有的公司股权。

（A-2）根据任一A++轮投资机构的书面回购通知（行使回购权的该A++轮投资机构，以下简称"A++轮回购方"），创始股东和创始人应当连带地、并且创始股东应促使其委派董事作出相关的决议，由创始股东或创始人购买A++轮回购方要求回购的其在公司中持有的全部或者部分A++轮股权（"A++轮回购股权"）。在根据上述条款创始股东和创始人回购A++轮回购股权时，每一元注册资本对应的购买/回购价格应当为A++轮回购方进行本次投资时每一元注册资本对应的增资款（"A++轮股权每股价格"）加上按A++轮股权每股价格基于每年10%的单利计算得出自该A++轮回购方将A++轮股权每股价格支付至公司之日至收到购买/回购价款之日的投资利息，并加上该A++轮回购方要求回购的权益比例所对应的公司董事会已经宣布但尚未支付的股息、红利及其他财产分配（如有）。

（A-3）创始股东或创始人应在收到A++轮回购方要求回购的书面通知当日起的三十（30）日内与A++轮回购方签署购买交易文件，并在购买交易文件签署后的三十（30）个工作日内支付全部购买价款。

（A-4）A++轮回购方有权要求创始人、创始股东通过变卖资产或其他适用法律允许的方式筹集资金以履行其购买/回购义务。如采取替代回购方式将导致 A++ 轮回购方承担更高的税负，则创始人、创始股东应连带补偿 A++ 轮回购方该等额外的税负。如涉及创始股东转让公司股权，现有股东同意并确保和 A++ 轮回购方成为一致行动人，按照 A++ 轮回购方的指示来行使其股东和现有股东董事的表决权。现有股东应批准，且应促使公司和其委派的董事批准该等资产变卖或其他方式的执行来筹措回购资金，并应签署，且应努力促使公司和其委派的董事签署确保该等执行所要求的全部法律文件。

B. A+ 轮股权的回购权

（B-1）对于 A+ 轮投资机构而言，如发生下列任一情形（以较早者为准）：

（a）公司未能于【　】年 12 月 31 日前完成向证监会或届时负责批准公司合格首次公开发行的其他政府部门递交关于合格首次公开发行的申请并获受理；

（b）创始人或创始股东出现严重违反本协议或其他交易文件规定的重大个人诚信问题，或公司出现投资机构不知情的账外现金销售收入，或由于创始人或创始股东的故意或重大过失而造成的重大的内部控制漏洞，或创始人或创始股东欺诈、侵占或挪用公司的现金等资产；

（c）现有股东或公司严重违反交易文件的规定，并且未在 A+ 轮投资机构发出要求予以补救的书面通知后十（10）个工作日内及时采取补救措施；

（d）因公司拥有或使用的核心知识产权产生权属纠纷或涉嫌侵权等原因对公司主营业务的开展造成实质障碍；

（e）公司其他股东要求回购其持有的公司股权。

（B-2）根据任一 A+ 轮投资机构的书面回购通知（行使回购权的该 A+ 轮投资机构，以下简称"A+ 轮回购方"），创始股东和创始人应当连带地、并且创始股东应促使其委派董事作出相关的决议，由创始股东或创始人购买 A+ 轮回购方要求回购的其在公司中持有的全部或者部分 A+ 轮股权（"A+ 轮回购股权"）。在根据上述条款创始股东和创始人回购 A+ 轮回购股权时，每一元注册资本对应的购买/回购价格应当为 A+ 轮回购方进行本次投资时每一元注册资本对应的增资款（"A+ 轮股权每股价格"）加上按 A+ 轮股权每股价格基于每年 8% 的单利计算得出自该 A+ 轮回购方将 A+ 轮股权每股价格支付至公司之日至收到购买/回购价款之日的投资利息，并加上该 A+ 轮回购方要求回购的权益比例所对应的公司董事会已经宣布但尚未支付的股息、红利及其他财产分配（如有）。

（B-3）创始股东或创始人应在收到 A+ 轮回购方要求回购的书面通知当日起的三十（30）日内与 A+ 轮回购方签署购买交易文件，并在购买交易文件签署后的三十（30）个工作日内支付全部购买价款。

（B-4）A+ 轮回购方有权要求创始人、创始股东通过变卖资产或其他适用法律允许的方式筹集资金以履行其购买/回购义务。如采取替代回购方式将导致 A+ 轮回购方承担更高的税负，则创始人、创始股东应连带补偿 A+ 轮回购方该等额外的税负。如涉及创始股东转让公司股权，现有股东同意并确保和 A+ 轮回购方成为一致行动人，按照 A+ 轮回购方的指示来行使其股东和现有股东董事的表决权。现有股东应批准，且应促使公司和其委派的董事批准该等资产变卖或其他方式的执行来筹措回购资金，并应签署，且应努力促使公司和其委派的董事签署确保该等执行所要求的全部法律文件。

C. A 轮股权的回购权

（C-1）对于 A 轮投资机构而言，如发生下列任一情形（以较早者为准）：

（a）创始人出现严重违反本协议或其他交易文件规定的重大个人

诚信问题，或公司出现投资机构不知情的账外现金销售收入，或由于创始人的故意而造成的重大的内部控制漏洞，或创始人欺诈、侵占或挪用公司的现金等资产；

（b）现有股东或公司严重违反交易文件的规定，并且未在A轮投资机构发出要求予以补救的书面通知后十（10）个工作日内及时采取补救措施；

（c）公司其他股东要求回购其持有的公司股权。

（C-2）根据任一A轮投资机构的书面回购通知（行使回购权的该A轮投资机构，以下简称"A轮回购方"），创始股东和创始人应当连带地、并且创始股东应促使其委派董事作出相关的决议，由创始股东或创始人以法律允许的方式回购A轮回购方要求回购的其在公司中持有的全部或者部分A轮股权，每一元注册资本对应的回购价格应当为A轮回购方进行投资时每一元注册资本对应的增资款（以下简称"每股价格"）加上按每股价格基于每年7%的单利计算得出自该A轮回购方将每股价格支付至公司之日至收到回购价款之日的投资利息，并加上该A轮回购方要求回购的权益比例所对应的董事会已经宣布但尚未支付的股息或红利（如有）。

（C-3）若创始股东或创始人对A轮回购方提出的回购要求没有任何异议的，应在收到A轮回购方要求回购的书面通知当日起的三十（30）日内与A轮回购方签署回购交易文件，并在回购交易文件签署后的三十（30）个工作日内支付回购价款。

（C-4）A轮回购方有权要求创始人及/或创始股东通过变卖资产或其他适用法律允许的方式筹集资金以履行其回购义务，以此完成创始股东和创始人履行向A轮回购方支付购买价款的义务。如采取替代回购方式将导致A轮回购方承担更高的税负，则创始股东应连带补偿A轮回购方该等额外的税负。如涉及创始股东转让公司股权，现有股

> 东同意并确保和 A 轮回购方成为一致行动人，按照 A 轮回购方的指示来行使其股东和现有股东董事的表决权。现有股东应批准，且应努力促使公司和其委派的董事批准该等资产变卖或其他方式的执行来筹措回购资金，并应签署，且应努力促使公司和其委派的董事签署确保该等执行所要求的全部法律文件。

7. 知情权和检查权

投资机构作为股东，对于被投企业的经营和管理有知情权和检查权，尽管这种权利是法定的，但因为公司法对于股东的知情权只是原则性的规定，所以大多数的投资协议都会对知情权做具体约定。比如作为投资机构股东，有权调阅什么材料，检查什么事项，管理层有义务在什么时限内提供这些信息等具体实操层面的约定。

典型条款举例如下：

> （1）投资机构有权实时了解目标公司的运营、财务、管理、人事等方面的各种信息及相关材料，有权查阅目标公司的财产及保存的簿册、记录和账目，以及查阅财务系统，与目标公司的管理人员、董事和审计师讨论目标公司的事务、财务和账目。目标公司董事会应定时及不定时向投资机构提供如下信息及材料：
>
> （a）每月度结束前，将下月预算提交股东审阅；
>
> （b）每月度结束后十五（15）日内提供月度财务报表（包括但不限于利润表、资产负债表和现金流量表）；
>
> （c）每季度结束后二十（20）日内提供季度财务报表（包括但不限于利润表、资产负债表和现金流量表），同时由管理层就目标公司的运营发展状况提供总结性简报；
>
> （d）每个会计年度结束后三十（30）日内提供目标公司的年度财

务报表（包括但不限于利润表、资产负债表和现金流量表）和财务决算报告；

（e）每个会计年度结束后三（3）个月内提供目标公司年度审计报告、全年度经营分析、管理层变化情况；

（f）每个会计年度结束前三十（30）日内，提供目标公司的下一年度业务计划、年度预算和预测的财务报表；

（g）在重大事件（包括处罚、诉讼、仲裁）发生之后及时报告给股东；

（h）投资机构股东要求的、与投资机构股东利益相关的其他有关目标公司运营及财务方面的其他信息资料。

（2）目标公司董事会确保提供给新进股东所有信息均应经目标公司核实并证明其为真实、正确且不会产生误导作用的。如果目标公司董事会未在上述规定的期限内提供上述要求的任何信息，且投资机构股东在书面通知目标公司后三十（30）日内尚未收到该等信息的，则投资机构股东有权委派一家有资质的会计师事务所，该会计师事务所在签署相关保密协议后有权审阅目标公司资料并出具有关文件，费用由目标公司承担。目标公司实际控制人和董事会同意并确保目标公司为实现该目的而向该会计师事务所提供其要求的所有资料。

8. 优先认购权

股东的优先认购权也是法定的，投资协议中一般会就具体实操层面做一些约定。典型条款如下：

（1）本次交易完成后，如果目标公司增加注册资本或进行后续融资，××投资机构有权（但非义务）按照其届时的持股比例优先认购新增注册资本或新发股权。××投资机构认购目标公司新增注册资本或新发股权的价格、条款和条件应与其他潜在认购方的认购价格、条款、条件实质相同。

（2）目标公司应在新股权发行前三十（30）日内，以书面形式通知××投资机构本次拟新增注册资本的数额和价格，以及潜在投资者的名称、注册地址等情况信息（以下简称"认购通知"）。在认购通知到达××投资机构之日起的三十（30）日（以下简称"优先认购有效期"）内，××投资机构应以书面形式通知公司其是否认购本次新增注册资本以及认购比例。若××投资机构未在优先认购有效期内书面通知公司，则视为××投资机构放弃对该新增股权发行的优先认购权。

（3）若目标公司与潜在投资机构、认购人约定的认购对价为实物、服务或其他非现金形式，则目标公司在发出的书面通知中，还应进一步明确对于该等非现金认购对价。××投资机构有权通过支付等价于该公平市场价格的现金的方式，实现自己的优先认购权。

9. 清算优先权

清算优先权一般指，在被投企业破产清算时，约定投资机构优先于承担经营管理责任的主要股东而获得公司剩余资产。这项权利的实质意义很小，更多的是象征意义，因为公司一旦进入破产程序，一般都是资不抵债的，在清偿外债务外，很难给股东留下什么剩余资产。但在一些极罕见的案例中，因为一些极特殊的原因，还能留下不少的剩余资产。比如，某企业经营不善破产，因债权人和股东之间意见不一致，导致破产清算程序旷日持久，几年后，企业所在的工业用地居然被重新规划为商业用地和住宅用地，且新的规划中还有一个地铁站，导致地价大涨，企业将获得大额的补偿，在清偿完毕债务后，股东们还可以分得不少剩余资产。所以，对于有大量土地或者其他可能有增值空间资产的被投企业，清算优先权还是很有必要约定的。此外，如果协议约定被投企业并购时也适用清算优先权条款，则该等条款也可以协调并购时获得股权转让款的顺序和金额。

典型的简单清算优先权条款如下：

> 若目标公司发生清算、解散或者关闭等法定或约定的清算事由时，目标公司应按照本协议约定进行清算。在公司依法支付清算费用、职工工资、社会保险费用和法定补偿金，缴纳所欠税款和清偿公司债务后，公司的剩余财产应当按照如下顺序进行分配：
>
> （1）××投资机构有权优先于其他股东获得分配。目标公司的剩余财产应首先分配给××投资机构，直至××投资机构累计获得以下i和ii两个金额中的较高者：i.××投资机构为取得目标公司股权所支付的增资款、增资款以年化12%单利计算的款项以及已经股东会批准但尚未向××投资机构支付的红利；ii.按照××投资机构所持目标公司股权比例计算得出的××投资机构可以获得分配的目标公司剩余资产。
>
> （2）在上述i所述金额大于ii所述金额的情况下，如果根据届时法律法规的要求，目标公司剩余资产必须按照股东持股比例分配，则在股东分得剩余资产后，主要股东及管理层保证向××投资机构进行补偿，以使××投资机构实现按照前述约定计算后应当取得的目标公司剩余资产。
>
> （3）在支付××投资机构清算优先款后，目标公司的剩余财产（若有）应按照各股东的实缴出资比例在除××投资机构以外的所有股东之间分配。

如有多轮投资人，各轮投资人可能有不同的清算优先权，一般越是后轮的投资人，因其投资时估值越高，投资金额越大，越是有更优的优先清算权。比如：

清算优先权

（1）如公司发生清算、解散或者关闭等法定清算事由时，对于公司的资产进行处分所得的收益在根据适用法律规定支付清算费用、职工的工资、社会保险费用和法定补偿金、缴纳所欠税款、清偿公司债务后的剩余财产（"可分配清算财产"），应按下列方案和顺序进行分配：

（a）各 B 轮投资机构和 PreB 轮投资机构有权优先于公司现有股东获得：（i）其为本轮投资所支付的投资款的 100%；（ii）B 轮股权和 PreB 轮股权上累积的已宣布但未分配的股息、红利及其他财产分配（以上（i）和（ii）合称"B 轮投资机构和 PreB 轮投资机构清算优先金额"），若可分配清算财产不足以支付全部 B 轮投资机构和 PreB 轮投资机构清算优先金额，则各 B 轮投资机构和 PreB 轮投资机构之间按照其应得的 B 轮投资机构和 PreB 轮投资机构清算优先金额数额的相对比例可以分配取得全部可分配清算财产。

（b）在公司支付完全部 B 轮投资机构和 PreB 轮投资机构清算优先金额后，各 A++ 轮投资机构有权优先于除 B 轮投资机构和 PreB 轮投资机构以外的其他现有股东获得：（i）其为本轮投资所支付的投资款的 100%；（ii）A++ 轮股权上累积的已宣布但未分配的股息、红利及其他财产分配（以上（i）和（ii）合称"A++ 轮投资机构清算优先金额"），若可分配清算财产不足以支付全部 A++ 轮投资机构清算优先金额，则各 A++ 轮投资机构之间按照其应得的 A++ 轮投资机构清算优先金额数额的相对比例可以分配取得全部可分配清算财产。

（c）在公司支付完全部 B 轮投资机构和 PreB 轮投资机构清算优先金额及 A++ 轮投资机构清算优先金额后，各 A+ 轮投资机构有权优先于除 B 轮投资机构和 PreB 轮投资机构及 A++ 轮投资机构以外的其他现有股东获得：(ⅰ)其为本轮投资所支付的投资款的 100%；(ⅱ) A+ 轮股权上累积的已宣布但未分配的股息、红利及其他财产分配（以上（ⅰ）和（ⅱ）合称"A+ 轮投资机构清算优先金额"），若可分配清算财产不足以支付全部 A+ 轮投资机构清算优先金额，则各 A+ 轮投资机构之间按照其应得的 A+ 轮投资机构清算优先金额数额的相对比例可以分配取得全部可分配清算财产。

（d）在公司支付完全部 B 轮投资机构和 PreB 轮投资机构清算优先金额、A++ 轮投资机构清算优先金额及 A+ 轮投资机构清算优先金额后，各 A 轮投资机构有权优先于除公司 B 轮投资机构、PreB 轮投资机构、A++ 轮投资机构及 A+ 轮投资机构以外的其他现有股东获得：(ⅰ)其为 A 轮投资所支付的投资款的 100%；(ⅱ) A 轮股权上累积的已宣布但未分配的股息（以上（ⅰ）和（ⅱ）合称"A 轮投资机构清算优先金额"），若可分配清算财产不足以支付全部 A 轮投资机构清算优先金额，则各 A 轮投资机构之间按照其应得的 A 轮投资机构清算优先金额数额的相对比例可以分配取得全部可分配清算财产。

（e）在公司支付完全部 B 轮投资机构和 PreB 轮投资机构清算优先金额、A++ 轮投资机构清算优先金额、A+ 轮投资机构清算优先金额及 A 轮投资机构清算优先金额后，各 PreA+ 轮投资机构有权优先于除 B 轮投资机构、PreB 轮投资机构、A++ 轮投资机构、A+ 轮投资机构、A 轮投资机构之外的其他股东获得：(ⅰ)其为取得 PreA+ 轮股权所支付的投资款的 100%；(ⅱ) PreA+ 轮股权上累积的已宣布但未分配的股息（以上（ⅰ）和（ⅱ）合称"PreA+ 轮投资机构清算优先金额"）。若剩余可分配清算财产不足以支付全部 PreA+ 轮投资机构清算优先金额，则 PreA+ 轮投资机构之间按照其应得的 PreA+ 轮投资机构清算优先金额数额的相对比例可以分配取得全部剩余可分配清算财产。

（f）在公司支付完全部B轮投资机构和PreB轮投资机构清算优先金额、A++轮投资机构清算优先金额、A+轮投资机构清算优先金额、A轮投资机构清算优先金额和PreA+轮投资机构清算优先金额后，各PreA轮投资机构有权优先于除B轮投资机构、PreB轮投资机构、A++轮投资机构、A+轮投资机构、A轮投资机构和PreA+轮投资机构之外的其他股东获得：(i) 其为取得PreA轮股权所支付的投资款的100%；(ii) PreA轮股权上累积的已宣布但未分配的股息（以上(i)和(ii)合称"PreA轮投资机构清算优先金额"）。若剩余可分配清算财产不足以支付全部PreA轮投资机构清算优先金额，则PreA轮投资机构之间按照其应得的PreA轮投资机构清算优先金额数额的相对比例可以分配取得全部剩余可分配清算财产。

（g）在公司支付完全部B轮投资机构和PreB轮投资机构清算优先金额、A++轮投资机构清算优先金额、A+轮投资机构清算优先金额、A轮投资机构清算优先金额、PreA+轮投资机构清算优先金额和PreA轮投资机构清算优先金额后，各天使轮投资机构有权优先于除B轮投资机构、PreB轮投资机构、A++轮投资机构、A+轮投资机构、A轮投资机构、PreA+轮投资机构和PreA轮投资机构之外的其他股东获得：(i) 其为取得天使轮股权所支付的投资款的100%；(ii) 天使轮股权上累积的已宣布但未分配的股息（以上(i)和(ii)合称"天使轮投资机构清算优先金额"，与B轮投资机构和PreB轮投资机构清算优先金额、A++轮投资机构清算优先金额、A+轮投资机构清算优先金额、A轮投资机构清算优先金额、PreA+轮投资机构清算优先金额和PreA轮投资机构清算优先金额合称"投资机构清算优先金额"）。若剩余可分配清算财产不足以支付全部天使轮投资机构清算优先金额，则天使轮投资机构之间按照其应得的天使轮投资机构清算优先金额数额的相对比例可以分配取得全部剩余可分配清算财产。

（2）如可分配清算财产扣减投资机构清算优先金额后仍有剩余财产或价款，则全体股东有权按其届时在公司的持股比例于该等剩余财产中获得相应比例的财产进行分配。

（3）现有股东应采取一切符合适用中国法律的有效措施确保各投资机构以符合适用中国法律的方式优先于公司其他股东从可分配清算财产中获得投资机构清算优先金额的财产。如各投资机构未能足额获得上述财产，则各股东有义务按照本协议约定以现金形式向该投资机构补偿差额，但补偿金额以其收到的可分配清算财产为限。

10. 优先出售权

在有多轮投资人的情况下，如果企业整体出售，也可以用上述优先清算权的原理约定各轮投资人获得出售对价的优先次序，即优先出售权。比如：

（1）如公司发生出售事件（定义：本条项下"出售事件"指股权出售事件或资产出售事件。"股权出售事件"是指公司被兼并、收购或其他类似导致公司控制权发生变更的交易，使得公司在该等事件发生前的股东在该等事件发生后的存续实体中的持股比例或表决权比例少于50%。"资产出售事件"是指公司全部或实质上全部资产被出售、公司全部知识产权或实质上全部知识产权被排他性许可或出售给第三方）时，对于公司或其股东因出售事件获得的全部对价（"售出对价"），应按下列方案进行分配：

（a）各B轮投资机构和PreB轮投资机构有权优先于公司其他股东获得：(i) 其为本轮投资所支付的投资款的100%；(ii) B轮股权和PreB轮股权上累积的已宣布但未分配的股息、红利及其他财产分配（以上(i)和(ii)合称"B轮投资机构和PreB轮投资机构出售优先金额"），若售出对价不足以支付全部B轮投资机构和PreB轮投资机构出售优先金额，则各 B 轮投资机构和 PreB 轮投资机构按照其应得的 B 轮投资机构和 PreB 轮投资机构出售优先金额数额的相对比例分配取得全部售出对价。

（b）在支付完全部 B 轮投资机构和 PreB 轮投资机构出售优先金额后，各 A++ 轮投资机构有权优先于公司除 B 轮投资机构和 PreB 轮投资机构外的其他股东获得：(i) 其为本轮投资所支付的投资款的 100%；(ii) A++ 轮股权上累积的已宣布但未分配的股息、红利及其他财产分配（以上 (i) 和 (ii) 合称"A++ 轮投资机构出售优先金额"），若售出对价不足以支付全部 A++ 轮投资机构出售优先金额，则各 A++ 轮投资机构按照其应得的 A++ 轮投资机构出售优先金额数额的相对比例分配取得全部售出对价。

（c）在支付完全部 B 轮投资机构和 PreB 轮投资机构出售优先金额和 A++ 轮投资机构出售优先金额后，各 A+ 轮投资机构有权优先于除 B 轮投资机构、PreB 轮投资机构和 A++ 轮投资机构外公司其他股东获得：(i) 其为本轮投资所支付的投资款的 100%；(ii) A+ 轮股权上累积的已宣布但未分配的股息、红利及其他财产分配（以上 (i) 和 (ii) 合称"A+ 轮投资机构出售优先金额"），若售出对价不足以支付全部 A+ 轮投资机构出售优先金额，则各 A+ 轮投资机构按照其应得的 A+ 轮投资机构出售优先金额数额的相对比例分配取得全部售出对价。

（d）在支付完全部 B 轮投资机构和 PreB 轮投资机构出售优先金额、A++ 轮投资机构出售优先金额及 A+ 轮投资机构出售优先金额后，各 A 轮投资机构有权优先于除 B 轮投资机构、PreB 轮投资机构、A++ 轮投资机构及 A+ 轮投资机构以外的现有股东获得：(i) 其为 A 轮投资所支付的投资款的 100%；(ii) A 轮股权上累积的已宣布但未分配的股息（以上 (i) 和 (ii) 合称"A 轮投资机构出售优先金额"），若售出对价不足以支付全部 A 轮投资机构出售优先金额，则各 A 轮投资机构按照其应得的 A 轮投资机构出售优先金额数额的相对比例分配取得全部售出对价。

（e）在支付完全部 B 轮投资机构和 PreB 轮投资机构出售优先金额、A++ 轮投资机构出售优先金额、A+ 轮投资机构出售优先金额及 A 轮投资机构出售优先金额后，各 PreA+ 轮投资机构有权优先于除 B 轮投资机构、PreB 轮投资机构、A++ 轮投资机构、A+ 轮投资机构、A 轮投资机构之外的其他股东获得：（i）其为取得 PreA+ 轮股权所支付的投资款的 100%；（ii）PreA+ 轮股权上累积的已宣布但未分配的股息（以上（i）和（ii）合称"PreA+ 轮投资机构出售优先金额"）。若剩余售出对价不足以支付全部 PreA+ 轮投资机构清算优先金额，则 PreA+ 轮投资机构之间按照其应得的 PreA+ 轮投资机构出售优先金额数额的相对比例分配取得全部剩余售出对价。

（f）在支付完全部 B 轮投资机构和 PreB 轮投资机构出售优先金额、A++ 轮投资机构出售优先金额、A+ 轮投资机构出售优先金额、A 轮投资机构出售优先金额和 PreA+ 轮投资机构出售优先金额后，各 PreA 轮投资机构有权优先于除 B 轮投资机构、PreB 轮投资机构、A++ 轮投资机构、A+ 轮投资机构、A 轮投资机构和 PreA+ 轮投资机构之外的其他股东获得：（i）其为取得 PreA 轮股权所支付的投资款的 100%；（ii）PreA 轮股权上累积的已宣布但未分配的股息（以上（i）和（ii）合称"PreA 轮投资机构出售优先金额"）。若剩余售出对价不足以支付全部 PreA 轮投资机构出售优先金额，则 PreA 轮投资机构之间按照其应得的 PreA 轮投资机构出售优先金额数额的相对比例分配取得全部剩余售出对价。

（g）在公司支付完全部 B 轮投资机构和 PreB 轮投资机构出售优先金额、A++ 轮投资机构出售优先金额、A+ 轮投资机构出售优先金额、A 轮投资机构出售优先金额、PreA+ 轮投资机构出售优先金额和 PreA 轮投资机构出售优先金额后,各天使轮投资机构有权优先于除 B 轮投资机构、PreB 轮投资机构、A++ 轮投资机构、A+ 轮投资机构、A 轮投资机构、PreA+ 轮投资机构和 PreA 轮投资机构之外的其他股东获得:(i)其为取得天使轮股权所支付的投资款的 100%;(ii)天使轮股权上累积的已宣布但未分配的股息(以上(i)和(ii)合称"天使轮投资机构出售优先金额",与 B 轮投资机构和 PreB 轮投资机构出售优先金额、A++ 轮投资机构出售优先金额、A+ 轮投资机构出售优先金额、A 轮投资机构出售优先金额、PreA+ 轮投资机构出售优先金额和 PreA 轮投资机构出售优先金额合称"投资机构出售优先金额")。若剩余售出对价不足以支付全部天使轮投资机构出售优先金额,则天使轮投资机构之间按照其应得的天使轮投资机构出售优先金额数额的相对比例分配取得全部剩余售出对价。

(2)如售出对价扣减投资机构出售优先金额后仍有剩余财产或价款,则全体股东按其届时各自在公司的持股比例于该等剩余财产中获得相应比例的财产。

(3)现有股东及公司应采取一切有效措施确保各投资机构获得上述金额的足额财产或价款,包括但不限于:(i)公司按照投资机构同意的方案分配股息及红利;(ii)各股东按照本协议约定用从售出对价中获得的财产或价款补偿各投资机构;(iii)除投资机构以外的其他现有股东及/或公司按照届时各方协商确定的价格收购或回购投资机构的全部或部分股权;(iv)法律允许的其他方式。

11. 领售权(拖售权)

领售权是舶来品,英文原译 Drag-Along Right,也可翻译为"拖售权",是指某些特定主体决定整体出售公司的权利,其他方不允许反对,"强行被拖带出售"。拖售权实现的结果是公司易主，投资人与创始人整体退出公司。拖售权是投资人实现退出的方式之一。简单概括就是，如果大股东或者其他股东希望出售他们的股权或者整体出售公司，其他中小股东须被强制加入此项交易中。在一般交易惯例中，拖售权是保护大股东和主要股东利益的，但拖售权也可以赋予小股东拖带大股东整体出售公司，从而实现小股东退出。从实操上看，如果大股东不同意出售，即使协议条款赋予小股东拖售权，但具体操作上也很难真正实施。拖售权是一种权利，有权利就伴随义务，所以领售权条款一般会和上述出售优先权条款搭配出现。领售权触发后，中小投资人无法反对大股东和某一行使拖售权的特定股东出售公司的决定，但可以按照优先出售权条款的约定优先参与财产的分配，大股东和行权股东再参与剩余财产（如有）的分配。

典型条款如下：

（1）本次交易完成后，若股东××与第三方就转让目标公司全部或部分股权达成一致，则股东××有权要求其他股东（以下简称"被拖售人"）以与股东××转让自有股权情形下的条款和条件实质上相同的条款和条件，将其持有的目标公司全部或部分股权出售给该第三方。

（2）出售对价使得公司整体估值不低于【　】万元。

（3）主要股东××应在拟拖售出售日前不少于三十（30）日内，以书面形式通知被拖售人，拖售通知中至少应列明：①拖售人待转让、出售或以其他方式处分的股权数量；②本次拖售的对价；③第三方名称和注册地址、支付条款和条件；④拖售出售日。

（4）被拖售人应尽最大努力完成拖售出售，并承诺不会在任何时间适用任何法律针对该等拖售予以反对。

12. 随售权（共同出售权）

随售权同样来源于美国的风险投资界，英文名称是Tag-Along Right，又称随卖权、参售权、共同出售权或跟随权。在我国现行法律条款下，随售权也无法律障碍。随售权通常用来保护中小投资人的权益，当大股东或者主要股东决定出售其股权时，中小投资人有权选择加入交易，与大股东或者主要股东同时以相同条件出售其持有的股权。因为大股东或者主要股东出售其持有的股权时，要么表示公司实际控制权可能变更，要么可能预示大股东或者主要股东已不看好公司后续发展。作为中小股东，与新的实际控制人不一定熟悉，或者对于后续的业务发展不再完全信任，为保护其利益，则创设这一权利，保证他们的利益。

典型条款如下：

随售权

（1）如主要股东××（转让方）有意向受让方转让或以其他方式处置其持有的全部或部分公司股权，且受让方已经给出具有法律约束力的要约，则转让方应以书面形式将如下信息通知投资机构（"转让通知"）：（a）其转让意向；（b）其有意转让的股权的数额；（c）转让的条款和条件；（d）受让方的基本情况。

（2）如果××投资机构未就主要股东××（转让方）拟转让的公司股权行使其优先购买权，则××投资机构（"跟随出售权人"）有权（但没有义务）按照受让方提出的相同的价格和条款条件，与转让方一同向受让方转让其持有的公司股权（"跟随出售权"）。跟随出售权人有权在收到上述转让通知后的二十（20）个工作日内，向转让方递交书面通知，行使其跟随出售权，通知中应列明该跟随出售权人希望向受让方转让的股权数额。

（3）跟随出售权人可行使跟随出售权的股权数额最高值为转让方拟转让的股权的数额与下述跟随出售比例的乘积：跟随出售比例＝该跟随出售权人所持有的公司股权比例÷（行使跟随出售权的全体跟

随出售权人所持有的公司股权比例＋转让方所持有的公司股权比例）。虽有前述规定，如转让方××转让股权导致其直接或间接持有的公司的股权比例合计低于 50% 且丧失实际控制人的地位，则全体跟随出售权人有权（但无义务）行使跟随出售权的股权数额为跟随出售权人持有的全部公司股权，如果届时跟随出售权人拟出售的股权比例合计超过受让方拟受让的股权比例的，则跟随出售权人有权按照届时跟随出售权人与转让方持有的公司股权比例向受让方出售股权。

（4）如跟随出售权人根据本协议的规定行使跟随出售权的，转让方和其他现有股东有义务促使受让方以相同的价格和条款条件收购跟随出售权人行使跟随出售权所要求出售的全部或部分公司股权。如果受让方以任何方式拒绝从行使本协议下的跟随出售权的投资机构处购买股权，则转让方不得向受让方出售任何股权，除非在该出售或转让的同时，该转让方按转让通知所列的条款和条件从跟随出售权人处购买该等股权。

13. 最优惠待遇条款

被投公司在多轮融资的进程中，会面对不同的投资机构，他们可能会要求不同的待遇，某些条款可能会对已经进入的投资机构的权益有一定减损，所以，很多的投资协议中都会约定最优惠待遇条款，以保证先进入的投资机构一直享有其某些权益。

比如：

除本协议约定内容，若目标公司在未来融资（包括股权融资及债权融资）中与其他投资人签订其他更优惠的股东优先权条款（"其他优惠条款"），各方同意修改本协议和通过股东会决议修改公司章程，以约定各投资机构平等地享有该等其他优惠条款。

我们在以上内容中梳理了一个投资协议的"商务"条款。一个完整的投资协议还包括保密义务的约定、产生的相关税费分担原则、违约责任的鉴定和计算方式、适用法律和争议解决机制等"法务"条款。如图3-1所示。

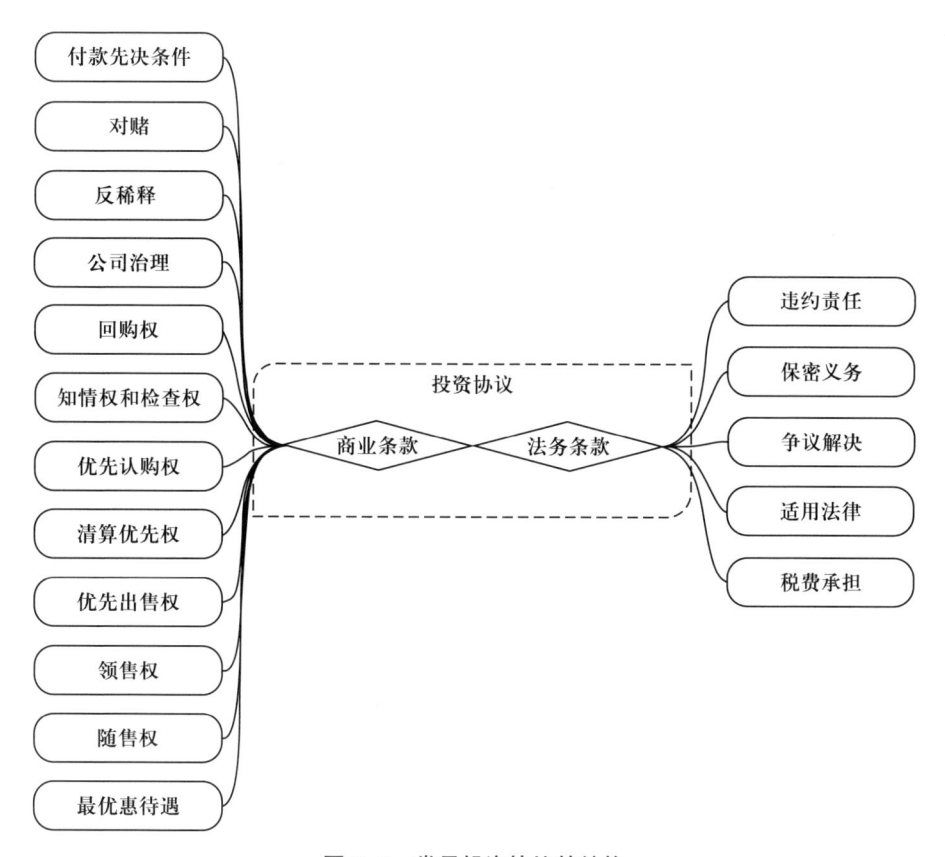

图3-1 常见投资协议的结构

（二）投资协议与公司章程

在投后管理的实务中，我们经常会遇到一个问题：公司章程和投资协议效力到底哪个更高？我们在投资协议中约定了很多事项，哪些事项需要落实到章程中才能发挥其效力，哪些不落实到章程中也不影响其效力？

在分析这些问题前，我们需要先弄清楚公司章程和投资协议的区别及联系。

1. 签署主体

投资协议一般是全体股东签署；公司章程需要公司全体股东签署，并需要公司盖公章。

2. 约束对象

投资协议对股东之间具有法律约束力；公司章程约束的对象是公司、股东、董事、监事、高级管理人员等公司内部组织机构与人员。

3. 效力期间

投资协议仅在协议存续期间有效力；公司章程是自公司设立开始，直至公司解散并清算终止时都有效。

4. 冲突解决

公司章程和投资协议的内容起直接冲突时，原则上以公司章程为准；公司章程未规定而投资协议有约定时，投资协议有效。

由以上的分析可见，如果投资协议中约定了一些事项，这些事项不仅涉及股东之间的权利和义务，还涉及公司其他管理人员的权利和义务，则必须要在公司章程中进行约定。如果投资协议中约定的一些事项仅仅是股东之间的权利和义务，则无须在公司章程中约定也有效。

比如投资协议中约定的关于公司治理的事项，包括股东会议事规则、董事会议事规则、一些管理人员的委派、竞业禁止等事项，是需要在章程中落实的。因为这些条款不仅规定了股东的权利和义务，还涉及了公司董事、管理人员和核心团队等，他们并不是投资协议的签署方，从法理上看，投资协议对其是没有约束力的。另外，超出法定的知情权和检查权也需要在公司章程中约定。

投资协议中约定的反稀释、对赌、回购权、优先出售权、清算优先权、领售权、随售权等权利，因为仅涉及股东之间的权利和义务，无须在公司章程中约定。如表3-1所示。

表3-1 投资协议与公司章程的协调一致

项目	涉及权利义务的主体	是否需要在章程中约定
估值与对赌条款	股东之间	否

续表

项目	涉及权利义务的主体	是否需要在章程中约定
反稀释条款	股东之间	否
公司治理安排	股东董事、管理人员和核心团队	是
股份回购	股东之间	否
知情权和检查权	股东董事、管理人员和核心团队	是
优先认购权	股东之间	否
清算优先权	股东之间	否
优先出售权	股东之间	否
领售权	股东之间	否
共同出售权	股东之间	否
最优惠待遇条款	股东之间	否

二、商业逻辑上的依据

除了基于投资协议的约定而进行投后管理外，投资机构还可以基于商业逻辑进行投后管理，也即常说的投后"赋能"。因为这些赋能活动不涉及太多的法律问题，大多数是通过商业洽谈进行的，并且其目的是取得商业上的利益，而不是法律上的权利，所以，我们认为这种投后管理活动是基于商业逻辑的。这些赋能的管理活动包括但不限于：协助被投企业做产业升级、业务优化和技术升级；协助被投企业做并购整合等；对于濒临破产的被投企业，可以协助债务重组或者破产重整等。这些事项我们将在下一章阐述，此处不再展开。

基于投资协议进行投后管理活动是"律所"思维，而基于商业逻辑进行投后管理是"投行"思维。当然，在投后管理实践中，即使基于投资协议去争取权利，大部分情况下也是通过商业谈判实现的，有时候会通过仲裁或者法院判决去实现，但只是辅助手段。**这是因为，本质上投后管理是一个商业活动，而不是一个法律事务，法律武器只是手段，是为了更好地实现商业目的。**

第四章　投后管理的手段

正如第一章投后管理的外延部分所述，从价值链的角度看，投后管理的主要工作可以分为价值评估、价值创造、价值调整和价值实现四个环节。

一、价值评估

价值评估也就是常说的投后复盘。也即定期地对被投企业的情况进行更新，并重新评估投资价值。在 VC 投资机构里，笔者认为，没有比高质量的投后复盘更重要的投后管理工作了。事实上，投后复盘也是团队培训的最好机会，一个个真实生动的投资案例，这些投资案例的得与失、功与过，信息都很齐全，是难得的学习提升的机会。

但是，现实中，很多机构的投后复盘都做得不够好，有的是能力所限，有的是有意为之。因为复盘是"触及灵魂"的事情，很多时候不可避免地暴露出我们在做出投资决策时的浅薄、偏执和盲目自信。所以，投后复盘是一个痛苦的事情，如果不想面对这种痛苦，那就只能让复盘工作浅尝辄止，甚至文过饰非了。

投资界经常说要"诚实地面对自己"，也经常鼓励投资经理自问："如果是你自己的钱，你投不投？"这需要巨大的勇气，尤其是在投后复盘的时候。

投后复盘建立在信息收集的基础上，关于被投企业的信息收集得越全面，复盘会做得越好。当然，现实中，因为各种各样的原因，很多的信息不一定能得到，这也是一个挑战。

（一）信息收集

1. 信息收集的方式

（1）**实地考察和访谈**：大多数的投资机构都要求投后管理人员定期地拜访被投企业，通过实地考察可以得到信息。另外，也可以通过电话会议访谈被投企业的人员。

（2）**调阅企业资料**：股东有法定的知情权，在投资协议中一般也会约定股东知情权的细则。投后管理人员可以定期调阅相关的企业资料，包括财务报表、经营情况、上市申报进展等相关资料。

（3）**万得数据库**：可以通过万得数据库或者其他的数据库获取企业所在行业的信息，以及有关的宏观经济数据和产业信息。

（4）**司法文书网/企查查等工具网站**：可以定期查询司法文书网和企查查等工具网站，获取关于企业涉诉的信息，并分析其重要性。

（5）**搜索引擎**：可以利用搜索引擎全方位收集关于企业的信息，并评估其重要性。

2. 信息收集的内容

原则上，投后管理人员应该尽量多地收集被投企业的信息，不过这个原则要求实际上不具有可操作性，因为收集信息需要花费时间成本，而大部分信息没有重要性，事无巨细地收集信息是得不偿失的，所以，很多的投资机构都会给出一个信息收集的范围和内容。投后信息收集表见表4-1，能起到一个梳理和提醒的作用。针对每个具体的项目，无须收集所有的维度，但因为有了这个模板，该收集的信息不至于会遗忘。

表 4-1　投后信息收集表

项目	主要信息	是否获得	是否有需要核实的地方
业务	关键业务数据、主要经营计划	√	是
行业	跟踪行业最新信息、产业政策	√	
财务	最新的财务报表	√	是

续表

项目	主要信息	是否获得	是否有需要核实的地方
上市	上市申报进度、是否有实质障碍	√	
并购	并购推进进展、是否有困难	√	
协议	是否违反投资协议，什么原因	√	
征信	是否有涉诉事项和失信事项	√	
舆情	是否有重要的舆情	√	是

特别值得注意的是，不同的项目，关键的业务数据完全不同。这需要投后管理人员熟悉被投企业的业务模式，熟悉这一类被投企业的投资分析框架，在收集信息的时候要时刻明白：哪些信息是构成分析框架的关键数据，这些关键数据一定要拿到，并且最好从多个渠道做交叉核实。哪些数据不是很重要，即使没有拿到，或者没有去核实，可能也不会对投资价值造成多大的影响。

举个例子。比如要对一个以广告展示为主要收入的短视频行业的被投企业进行复盘，则需要事先知道这类企业的分析框架，以便筛选出构成分析框架的关键因子，这样在收集信息的时候就知道重点收集及核实哪些信息。根据此类公司的业务特点，我们把信息流广告收入做一个分解，信息流广告收入 =（DAU × 每日每人阅读 Feed 条数 × 广告加载率 × 广告填充率）×（CTR × ACP），这个模型就是我们的一个收入分析框架。如图 4-1 所示。

图中，DAU 表示日均活跃用户数量。广告加载率指每多少条信息流展示一条广告，比如每 5 条 Feed 展现一条广告。广告填充率指有多少广告请求被返回广告展现，反映的是互联网广告公司对库存的利用程度。每人每日阅读 Feed 条数 = 每人每分钟阅读多少条 Feed × 用户每日停留时长（分钟）。

CTR 表示广告点击率。ACP 表示用户每次点击收费。

这类公司（比如抖音）要提升信息流收入，要提升以下核心指标：提升 DAU，需要持续获客；提升用户停留时长，主要通过优质内容的生产、丰富垂类内容等手段实现；提升广告加载率，但这一举措会影响用户体验；提升广告收费，即提升单次点击收费（ACP）。

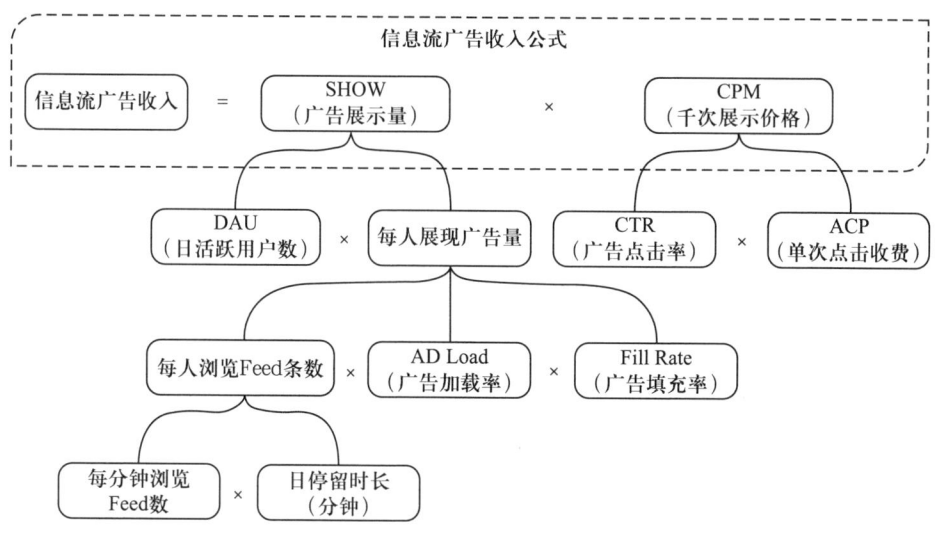

图 4-1 信息流广告收入拆解示意图

投后管理人员在复盘此类公司的收入时，应首先对照投资决策时依据的《投资价值分析报告》中的收入预测，核实是否与实际实现的收入一致，同时要分析，预测当时基于的业务数据是多少？实际实现的是多少？仔细分析各个因子后可以得知，如果收入提升是通过 DAU 和用户每日停留市场实现的，则说明该公司产品对于用户的吸引力提升了，如果是通过提高广告加载率和提升广告费实现的，则可能预示着牺牲了用户体验，且透支了广告市场。

如果是一个创新药研发企业，显然上述业务指标均不适用，我们需要按照创新药研发企业的分析框架来复盘。比如，要复盘一种小细胞肺癌的创新药物研发企业，那么我们可能重点关注研发进展是否符合预期，另外需要关注该靶点最新的研究进展以及竞争对手的研发进度和产品优势。

（二）投后复盘

投后复盘有项目复盘、基金复盘和赛道复盘三个层面。

项目投后复盘建立在信息收集基础上，只有收集到足够的信息，才能有效地复盘。投后复盘一般会对被投企业的各个方面进行分析，并重新审视投资时的决策是否合理，被投企业是否还有预期中的投资价值。投后复盘一般有定期复盘和专项问题复盘。定期复盘一般是全面的复盘，专项问题复盘只针对某些重要的专项问题。

基金复盘一般是站在整个基金的层面分析基金的 IRR、DPI、MOC 等指标，并分析基金的风险敏感度。

赛道复盘一般指要求投资经理对其关注和跟踪的赛道在复盘期间内的投资事件进行梳理，并分析哪些投资机会是错杀的，哪些投资机会是错过的，从而评估投资经理对于自己关注赛道中投资机会的把控能力。

1. 项目层面的复盘

投资部门人员在分析一个拟投企业时，需要先确定一个分析框架，然后经过尽职调查，获取到可信的数据和资料，使得分析框架逐渐完整，最后得出结论。所谓结论即估值是否合理，是否仍然有投资价值。

投后管理人员在做投资分析时，没必要做全面的尽职调查，仅需要就可能会发生变化的数据和信息做一些更新，然后利用原有的分析框架分析即可。当然，也有一些情况下，原有的分析框架已经不适用，需要投后管理人员重新建立分析框架。比如有一些企业主营业务发生了调整，当然要用不同的投资分析框架了。

总之，投后管理人员的投资分析工作目标是，对一些数据进行更新和核实，然后复盘当时的分析结论是否仍然成立。所以，投后管理人员需要具备完整的投资分析方法论，尤其是要有框架性的思维方式，这样才能知道哪些信息是构成框架的关键因素，需要及时更新并谨慎核实。

在投资时，我们一般会做出一系列假设，在这些假设前提下，推导出目标企业未来的增长路径，进而计算出投资收益。VC 阶段的投资和 pre-IPO 阶段的投资会用到不同的投资分析框架。这些分析框架在细节上千差万别，但总体上可以分成两类：一是创新驱动的投资估值分析框架；二是业绩驱动的投资分析框架。

具体的复盘逻辑请见"第六章　投后管理的重要专项问题"中"投后管理

中用到的投资分析框架及复盘要点"的内容。

典型的投后复盘报告的主要内容见本书后的附录一（项目投后复盘报告）。

2. 基金层面的复盘

投资团队一般会关注项目层面的复盘，而投后团队和公司管理层会关注基金层面的复盘，一只基金可能会投资十几个或者几十个项目，某些项目赚钱了不代表基金可以赚钱，某些项目亏钱也不代表基金亏钱。基金层面的复盘的主要指标有基金内部收益率（IRR）、基金回款比率（或曰投入资本分红率，即DPI）和投入资本回报倍数（MOC）等。基金层面的复盘需要项目层面的基础数据。同时，基金层面的复盘还可以计算每一个项目对于基金组合的贡献度。比如，典型的基金复盘数据如表4-2所示。

表4-2 基金复盘——基金概况

基金概况	
基金名称	××基金
基金类型	创投
设立日期/首次交割日期	2015年4月20日
认缴规模（万元）	300000.00
实缴金额（万元）	181300.00
MOC	1.34
Gross IRR	51.88%
Net IRR	35.08%
DPI	23.88%

表4-2中基金的整体数据建立在每一个项目的基础数据上，项目的基础数据一般包括项目名、所属基金、细分领域、项目分级、投资协议签署时间、投资成本、投资时持股比例/数量、投资时估值/万元、最新持股比例、最新估值、已实现价值、未实现价值、估值时点等数据。通过基础数据的运算，得出基金层面的复盘数据。

另外，为了评估每个项目对基金层面的贡献度，在项目基础数据完备的情况下，也可以计算数据表（见表4-3）。通过该表的分析，我们可以得出哪些项目投资额比较大，哪些项目为基金贡献了较大的IRR，哪些项目为基金贡献了较大的DPI，哪些项目贡献了较大的MOC。从管理层看来，那些投资额较大、绩效贡献较大的项目才是投后管理的重点项目。

表4-3 基金复盘——项目概况

	项目名	投资额占比(%)	IRR贡献度(%)	DPI贡献度(%)	MOC贡献度(%)	分级	赛道	负责人	轮次
1	项目1	3.99	0.00	0.00	4.14	优	创新药	张三	A
2	项目2	4.31	2.41	2.00	1.49	优	医疗器械	李四	B
3	项目3	1.04	0.00	0.00	1.08	优	医疗器械	李四	A
4	项目4	1.20	0.15	4.00	22.63	优	创新药	张三	A
5	项目5	2.23	0.11	4.00	11.53	优	创新药	张三	A
6	项目6	4.83	0.00	0.00	5.00	优	创新药	张三	pre-IPO
7	项目7	4.35	0.00	0.00	4.51	优	医疗器械	王五	B
8	项目8	3.16	1.83	3.00	7.00	优	创新药	张三	B
9	项目9	1.34	1.18	0.00	3.98	优	医疗器械	王五	B
10	项目10	1.34	0.21	0.00	1.57	优	医疗器械	王五	C
11	项目11	2.55	0.56	0.00	3.84	优	医疗器械	李四	D
12	项目12	2.01	4.00	5.00	2.08	优	医疗服务	张三	A
13	项目13	3.34	−0.35	0.00	0.11	优	医疗器械	赵六	A
14	项目14	1.00	0.00	0.00	1.04	良	医疗器械	王五	天使
15	项目15	1.00	0.00	0.00	0.12	良	医疗器械	王五	天使
16	项目16	2.01	0.00	0.00	2.08	良	医疗服务	赵六	A
17	项目17	2.67	0.00	0.00	2.77	良	医疗服务	赵六	pre-IPO
18	项目18	1.00	0.00	0.03	1.07	良	医疗服务	赵六	pre-IPO
19	项目19	1.34	1.18	0.00	6.08	良	创新药	李四	A
20	项目20	0.53	0.10	0.00	0.68	良	创新药	李四	B
21	项目21	0.67	0.58	0.00	2.12	良	医疗服务	赵六	pre-IPO

续表

	项目名	投资额占比(%)	IRR贡献度(%)	DPI贡献度(%)	MOC贡献度(%)	分级	赛道	负责人	轮次
22	项目22	3.34	0.11	0.00	3.51	良	医疗器械	王五	A
23	项目23	1.34	0.40	2.00	2.00	良	创新药	赵六	B
24	项目24	0.53	0.00	0.00	0.55	良	创新药	赵六	C
25	项目25	1.67	0.00	0.00	1.73	良	数字医疗	王五	B
26	项目26	3.34	4.93	3.00	5.71	良	医疗服务	李四	B
27	项目27	1.34	0.00	0.00	1.39	良	医疗服务	李四	C
28	项目28	1.34	2.50	0.00	18.16	良	创新药	李四	pre-IPO
29	项目29	2.01	0.00	0.00	2.08	良	医疗服务	赵六	pre-IPO
30	项目30	1.00	0.28	0.00	1.84	中	医疗服务	张三	B
31	项目31	1.34	0.00	0.00	1.39	中	医疗服务	赵六	B
32	项目32	3.34	2.56	0.00	6.22	中	创新药	张三	B
33	项目33	2.01	1.32	0.00	4.50	中	医疗服务	李四	B
34	项目34	0.33	0.00	0.00	0.35	关注	医疗服务	李四	C
35	项目35	1.45	0.08	0.00	1.56	关注	医疗服务	李四	C

我们还可以通过分析每个项目的风险敏感度，通过投资额做加权平均，计算出基金的风险敏感度。教科书对风险的测度有两种方法：一种是收益的波动性；另一种是损失发生的概率。鉴于一级市场产品流动性差、没有实时市场价等特点，第一种风险测度方法无法应用，我们采用第二种风险测度方法，即风险就是损失发生的概率（或者也可看作未达到预期收益的概率）。基于这个定义，我们可以测度项目的风险敏感度和基金层面的风险敏感度。理论上，我们在划出投资款的瞬间，一定对该项目有个预期，这个预期是一个非常重要的"锚定值"。投后复盘时，如果没有达到这个预期，根据我们对风险的定义，可以鉴定该项目"出现风险"，通过比较投资时和投后估值模型的假设条件变化，可以得知，风险的来源到底是行业、企业、政策风险，还是资本市场估值下

行风险（可比上市公司估值下降，导致退出时预期估值下降，进而导致IRR下降），而且可以通过固定其余变量，仅改变某一变量来测度IRR相对该变量的敏感性，不难得出这几个因素对于该项目收益率下降各自贡献了多大的份额。

当然，某些项目IRR下降，并不一定影响基金的IRR，我们可以通过加权IRR计算基金IRR是否下降。如果基金的加权IRR没有下降，根据前文对风险的定义，可以得出结论，该基金组合对某些单项目出现的风险因素不敏感；如果基金的加权IRR下降，则基金"出现风险"，此时通过单项目风险因素敏感度衡量权重，很容易得出基金组合对该风险因素的敏感度。根据风险敏感度，可以分析，是否可以通过降低某种维度的集中度而分散这个风险，从而提高组合收益。

为了更清晰地解释项目风险敏感度的测度，我们举例说明。一个体外检测行业的企业，我们基于一些假设：第一，行业政策不变；第二，各个产品的市场渗透率保持一定的非线性增长曲线，产品价格保持稳定；第三，毛利稳定，收入以增长率逐年递减的趋势增长，净利润以逐年递减的趋势增长；第四，可比上市公司PE倍数为30。在此前提下，得出该项目投资的内部收益率（IRR）为31.05%。如表4-4所示。

表4-4　项目投资时内部收益率测算

投后估值（万元）	24000.00	退出预计PE倍数	MOC	IRR（%）
投资金额（万元）	3000.00	20.0x	4.75x	23.93
股权占比（%）	12.50	25.0x	5.93x	27.80
退出PE倍数	25.0x	30.0x	7.12x	31.05
2022年IPO摊薄（%）	25.0	35.0x	8.31x	33.87
投资时间	2017年9月30日	40.0x	9.49x	36.35
退出时间	2024年12月31日	45.0x	10.68x	38.58

在第 N 次复盘的时候，我们发现：第一，由于集采的影响，产品价格大幅下降；第二，行业规模没有预期的增长速度，由于支付能力的限制，有效需求不足；第三，企业的竞争力没有预期的那么强，市场渗透率慢，导致业绩不达预期；第四，资本市场估值下行，可比上市公司 PE 倍数降低至 20 左右。由此得出该项目投资的内部收益率（IRR）仅为 –0.33%。如表 4–5 所示。

表 4–5　项目复盘时内部收益率测算表

投后估值（万元）	24000.00	退出预计 PE 倍数	MOC	IRR（%）
投资金额（万元）	3000.00	20x	4.75x	–0.33
股权占比（%）	12.50	25x	5.93x	2.79
退出 PE 倍数	20.0x	30x	7.12x	5.41
2022 年 IPO 摊薄（%）	25.0	35x	8.31x	7.67
投资时间	2017 年 9 月 30 日	40x	9.49x	9.67
退出时间	2024 年 12 月 31 日	45x	10.68x	11.47

此时，按照我们对风险的定义，该项目出现风险。如果我们进一步分析其对于各个风险的敏感度，则需要分解风险来源，并且需要对各类风险造成的影响做分离。

在此，我们把集采导致的价格下跌定义为政策风险，把支付能力限制行业规模发展定义为行业风险，把企业市场渗透率慢于预期定义为项目风险，把资本市场估值下行定义为市场风险，那么，可以利用估值模型做一些风险分离分析：

先分析政策风险的影响。此时，假定行业风险、项目风险和市场风险并不存在，仍然维持原来的假设，可以得出，仅考虑集采导致的价格下跌，IRR–政策为 11.75%。同理可得出，仅考虑行业规模的影响，得出 IRR–行业为 11.20%。仅考虑渗透率不足，IRR–项目为 10.63%。仅考虑资本市场下行，IRR–市场为 5.59%。各类风险导致的 IRR 下降幅度如表 4–6 所示。

表 4-6　项目复盘时风险敏感度

IRR- 政策	IRR- 项目	IRR- 行业	IRR- 市场
与原预期 31.05% 差额	同左	同左	同左
−16.05%	−16.60%	−17.17%	−27.80%
政策风险敏感度	项目风险敏感度	行业风险敏感度	市场风险敏感度
20.67%	21.39%	22.12%	35.82%

如果一个基金总体 IRR 不达预期，则可以通过计算得出基金中所有项目的风险敏感度（包括政策风险敏感度、项目风险敏感度、行业风险敏感度和市场风险敏感度），然后在投资额度上做加权平均，可以得出基金的风险敏感度（包括政策风险敏感度、项目风险敏感度、行业风险敏感度和市场风险敏感度）。

总结一下，基金复盘的意义在于：

第一，可以评估基金的 IRR、DPI 和 MOC，一方面，方便向 LP 汇报相关情况；另一方面，便于管理层对基金绩效做一个评估。

第二，通过比较各个投资团队的投资业绩，可以评估各个团队考核绩效。

第三，通过评估基金的风险敏感度，如果基金对某一风险的敏感度较高，可以通过调整基金后续的投资策略，以分散或者对冲相关风险，提高投资安全垫。

3. 赛道层面的复盘

赛道层面的复盘并不多见，仅在一些比较大型的投资机构里有类似的安排，这类机构非常关注对于整个赛道投资机会的把控力，所以，会定期要求投资经理对其关注的赛道的投资机会做梳理和分析，并汇报信息，如表 4-7 所示。

表 4-7 赛道复盘

复盘周期：2022 年 1 月至 2022 年 6 月

跟踪赛道：创新药 – 肿瘤相关创新药

投资经理：张三

序号	项目	融资时间	融资额	参与的投资机构	我司是否知情	我司是否参与	我司是否投资
1	**	********	***	***、***、***	是	是	是
2	**	********	***	***、***、***			
3	**	********	***	***、***、***			
4	**	********	***	***、***、***	是	是	
5	**	********	***	***、***、***			
6	**	********	***	***、***、***	是		
7	**	********	***	***、***、***			
8	**	********	***	***、***、***	是	是	
9	**	********	***	***、***、***	是		
10	**	********	***	***、***、***			

注："知情"表示事前知情，事后知情没有意义；"参与"表示参与了融资的路演、沟通交流、尽职调查、交易谈判甚至签了意向协议（Term Sheet，以下称 TS）等事项；"投资"表示是否实际进行了投资划款。

在这个例子中，在复盘周期中（即 2022 年 1 月至 2022 年 6 月），投资经理张三梳理出其跟踪的赛道中（创新药 – 肿瘤相关创新药）发生了 10 次融资时间，其中张三知情的有 5 次，占总融资事件数的 50%，即知情率 50%；参与了 3 次，占知情数的 60%，即参与度为 60%；3 个参与项目，投资了 1 个，投资成功率为 33%。

我们分析这三个指标：

知情率：这个指标是投资经理在所关注赛道中投资机会把控能力的集中体现，如果一个投资经理不能事先知道行业内大部分的融资事件，则表示他将确定性地错过行业内大部分的投资机会。知情率可以衡量一个投资经理在所关注参与度：参与度代表着投资经理的勤奋程度和资源获取能力，如果一个投资经理获知了一个目标企业要融资，却没有参与进去，说明他要么没有机会拜访到企业，要么他懒得去拜访。懒得去，说明不够勤奋；没有机会，说明他资源获取能力一般。

是否投资：只有实际签约并划款投资才算投资成功。

需要说明的是，这些指标只有在一个公司内部比较才有意义，不能跨公司比较。一个头部机构，平台本身有资源优势，财务顾问（FA）或者其他信息渠道愿意首先推荐给头部机构，所以，头部机构的投资经理相对而言应该具有更大的信息优势，这不是他本身的资源多少的问题，而是所在的投资机构给予的加成。而一个小机构的投资经理，他获知融资事件的信息则几乎完全靠他自己的能力。同理，参与度也一样。

投资成功率取决于公司的风控取向和投资偏好，不是投资经理能够左右的，这项指标是公司层面的复盘指标，并不是投资经理的复盘指标。

二、价值创造

投资机构的业务模式经常被称为"搭便车"，好像是躺在被投企业身上赚钱，但实际上这种认知是偏颇的。首先，投资机构拿出真金白银投入被投企业，这本身就是最大的支持，还有比拿出金钱来支持更诚恳的举动吗？其次，为被投企业赋能这件事，投资机构是很有积极性的，客观上不一定能做到，或者做得不一定好，但不能否认主观上投资机构是想和企业一起创造价值的。最后，确实有很多优秀的投资机构做了很多很有成效的工作，与企业一起创造了价值，自己也赚到了所谓的 α 收益。

价值创造分为内涵式价值创造和外延式价值创造。所谓内涵式价值创造指企业通过技术升级、业务优化、产业协同或者管理升级等方式，增加了竞争力，从而提高了自己的盈利能力。外延式价值创造指通过并购扩张或产能扩张，提高自己的盈利水平。理论上，内涵式增长的资本回报率是提升的，而外延式增长的资本回报率不一定提升，甚至有可能是下降的。价值创造在业内一般称为"赋能"。

（一）内涵式价值创造

1. 技术升级

在协助被投企业技术升级方面，可能产业背景的创投机构做得更好一些，财务投资人在技术赋能方面显得力不从心。比如新近成立的讯飞创投，依托科大讯飞，以核心人工智能及语音相关技术为载体，依托讯飞及众多合作伙伴的资源对接，向创业团队提供相关技术支持，产业资源和 CEO 指导，引导式助力创业团队快速成长。

以下是讯飞创投官网的一段介绍：

> 讯飞创投为入选企业提供：
>
> 技术支持：加速团队 VIP 技术支持渠道，技术大咖浸入式项目支持，全方位保障您用好人工智能技术。
>
> 资源扶持：讯飞行业合作伙伴对接，解决创业团队的三大痛点——市场、客户、渠道。
>
> 培训体系：从语音技术到人工智能行业前景，从股权结构设计到品牌建设，CEO 培训营让创业团队更加充实。
>
> 运营推广：与知名科技媒体联合推广、讯飞平台发声以及讯飞全国展会品牌露出、讯飞年度发布会展出等。
>
> 资本对接：提供融资平台和百家知名投资机构对接渠道、讯飞品牌背书，帮助创业团队快速融资。

据公开报道，科大讯飞新一代人工智能开放创新平台已对外开放了数百项 AI 能力及方案，讯飞生态所投资的企业可享有前沿的 AI 技术开放测试和技术支持 VIP 保障服务。对于急需要走向市场的初创 AI 企业，产业扶持的吸引力超越了其对资金的单纯渴望。

早在 2015 年，讯飞创投投资了机器人企业优必选。前者做硬件，后者提供语音等人机交互解决方案。除此之外，讯飞具备行业优势，机器人需要与行业应用对接，讯飞能提供丰富的应用场景。这是技术赋能的典型案例。

2. 业务优化

在业务优化方面，典型的投后赋能案例是高瓴资本并购百丽国际，并对百丽国际整体业务模式做数字化改造的投后管理事件。我们节选高瓴资本官网的一篇文章，对此案例做一个简单的介绍。

百丽国际：让数字化赋能离客户最近的人 [J]. 哈佛商业评论 2019（1）

……

从 2015 年开始，在电商的冲击下，不少传统产业面临业绩下滑的困境，百丽也不例外。2017 年 7 月，百丽国际完成私有化，高瓴持有 57.6% 的股份，成为百丽新任控股股东。此后，百丽国际开始大力推动数字化转型，不断尝试新的零售模式。

……

鞋业零售的"数据割裂"

鞋业零售和服装零售不同，痛点更为突出。"同一品牌的衣服，几个型号就能在全世界售卖。而鞋其实是更非标准化的产品，即使大小码一样，脚型会有胖瘦不同，如果再加上宽窄码等其他精细化维度，一款鞋就得做几十个型号。"李良称。

这一点也为销售带来了巨大难题。为了找到合适的鞋子，店员不得不在仓库和货架之间来回奔波，而最后的转化率也许只有 5%——即每 100 个进店客户最后只成交了 5 个订单。更不用提用户体验——

顾客的耐心早就在调换和等待中消磨殆尽。

在李良看来，传统鞋业零售存在"数据割裂"的三大痛点：第一，底层数据是割裂的，商场数据无法及时反馈品牌和商家；第二，不同区域、不同渠道、不同门店的数据是割裂的，无法形成有效的"数据对齐"；第三，反应机制是割裂的，宏观数据和微观决策之间是割裂的，数据无法快速帮助一线销售人员回答问题，无法指导供应链及时调整。

"如果不能第一时间消化这些数据，如果不能让每一个店员马上就能使用，再多的数据也不会产生任何效益。"

百丽国际选择借助腾讯智慧零售去中心化的数字化工具——优Mall智慧门店解决方案，作为消化数据矿藏的有益尝试之一。这一方案通过对进店客流量、顾客店内移动线路和属性进行数据收集，形成店铺热力图，帮助门店进行货品的陈列、摆放和优化，提升单店的产出。

此外，百丽还利用RFID技术为门店的鞋子配备智能芯片，从而现场采集每一款鞋的试穿时间、频次，帮助店员找到受顾客关注的货品。而对比最终的购买数据，门店也可以及时反馈。因拥有敏捷强大的供应链，百丽能够快速对热门商品进行追加生产，对不受欢迎的产品进行及时调整。

……

门店还可以根据"人货场"的相关数据进行数据分析，优化销售策略，形成完整的销售漏斗分析。比如，滔搏运动的一家门店在使用优Mall前，一直沿用原有的逻辑铺货，认为门店的男性客流量大于女性，因此门店男鞋女鞋铺货比例为7∶3。但使用优Mall后店员发现，进店客流的女性占总客流量的50%以上，但门店销售额一直都只占30%左右，因此长期存在"人"和"货"的不匹配现象。后来，

> 这家门店后续增加了约 30% 女款的 SKU 陈列，改动后的单店女款销售额增长了近 40%，全店销售额环比增长近 20%。
>
> ……
>
> **去中心化推动数字化转型**
>
> ……
>
> 而在管理层面上，百丽则要考虑如何以最小成本完成数字化转型，将 600 万日活真正转化为实实在在的订单。
>
> "以前我们花费了巨大的成本去做门店的数据整合，但最后及时性和准确度都不尽如人意。后来我们就想：为什么不能把这个问题分散化解决呢？什么东西集中起来能发挥效益，我就集中起来做；什么事情分开更有效，我就分散开做；什么地方有人我就用人，什么地方无人我就用线上。"
>
> 李良称，**去中心化的思想就是要用店员的模式，用数字化的工具，让终端发挥活力**。
>
> 根据这一思路，百丽将庞大的"数据对齐"任务分散到每个店员的手中。店员可查看客户在本店的历史消费数据，可以增加客户数据维度，可以对自己的销售业绩进行查看和纠错，也可以根据数据反馈优化销售行为。
>
> ……

在这个案例中，高瓴资本之所以能对百丽国际进行大刀阔斧的优化，是因为高瓴资本已经控股了百丽国际。这种业务优化方案，如果成功了，高瓴资本将获得超额回报，如果失败了，风险也主要由百丽国际承担。设想，如果一个投资机构仅仅小比例参股了一家被投企业，即使这家机构有很好的业务优化方案，也并不一定能够推行下去，被投企业不一定会配合，因为业务改造是有风险的，成功了，皆大欢喜，失败了，风险主要是企业承担。这样的局面下，权利和义务是不对等的,这也是投资机构在做此类赋能的一个困境。

3. 产业协同

非常著名的一个产业协同的案例是腾讯与京东的合作,据称这一合作也是高瓴资本的张磊撮合的。我们摘录澎湃新闻关于此事的一篇报道,并做了一些精简和删节。从中可以看出,腾讯的微信和QQ作为即时通信工具,掌握着庞大的流量,京东作为头部电商,构建了庞大的物流体系,二者的合作产生了显著的协同效应。

> 2014年入股京东之前,腾讯与京东还是对手,他们与阿里巴巴三方互相对垒。从2012年开始,腾讯逐步布局自己的电商业务:以易迅网为核心的自营、以QQ网购为核心的开放平台、以拍拍网为主的C2C。主要竞争目标是京东。开打之前,腾讯电商与京东GMV的差距是360亿元,到2013年,这个数字扩大到了450亿元,易迅还亏了8亿元。马化腾认输。
>
> 2014年,腾讯决定投资京东,把电商业务交给京东做。经过艰苦的谈判,据称高瓴资本的张磊在谈判中发挥了重要的撮合作用,最终,腾讯购买京东3.5亿普通股,占后者上市前普通股的15%。腾讯支付了2.14亿美元,同时将QQ网购、拍拍的电商和物流部门并入京东。京东持易迅少数股权,同时持有其未来的独家全部认购权。更重要的是,双方还签订了为期五年的战略合作协议,腾讯将向京东提供微信和手机QQ客户端的一级入口位置及其他主要平台支持。
>
> **这边京东迅速补上了短板,微信端流量入口也在后来成了它的优势。**
>
> 腾讯给到京东微信端的一级流量入口,帮京东拿到了移动互联网时代最重要的流量。截至目前,微信只对京东开放过一级流量入口,2019年,这个入口换成了京东主打下沉市场的"京喜"小程序。同为

腾讯电商盟友的唯品会与拼多多，它们分别在2018年4月、2018年10月获得微信钱包的流量入口，但只是二级入口。单从流量角度看，京东得到来自腾讯的支持力度，远大于其他电商盟友。非盟友则无法撬动微信的流量，早在腾讯入股京东前一年，互联网企业之间的外链屏蔽就已经开始了，直到今年微信放开外链之后，这种巨头间相互封杀的局面才有所缓和。

2014年拿到微信门票后，京东做了两件事：第一，加大了对中小商家的争夺。当年，京东宣布对拍拍网的整合结束，大部分商家从原有的POP平台迁移至拍拍网。商家侧的结账周期，也从原来的月结，缩短至T+1结算，即卖家缴纳保证金后，在订单完成后的次日，它们便能收到前一日在京东开放平台已完成交易所对应的应结算款。第二，加大了对用户的补贴。当年618期间，京东在微信送出了10亿红包，以吸引用户。

此后，京东走过了快速发展的几年，它的年度GMV从2012年的733亿元增长到上年的2.6万亿元。再来看年活跃用户数，2014年到2017年是这一数据的爆发阶段，从不到5000万增长到3亿，这直接体现出了腾讯的强导流作用。

2019年，京东的年度活跃买家数增速触底，但随后迅速反弹。这一次，帮它的还是微信。

2018年第四季度开始，也正是刘强东明尼苏达事件发酵到高潮的时刻，京东的年活跃买家（AAC）开始进入极低增速区，持续了三个季度，甚至低于3%。这一不利经营信号的出现是因为用户规模到了天花板，增无可增吗？3亿左右的用户数量远谈不上天花板。京东首席技术官张晨、首席法务官隆雨、首席公共事务官蓝烨，三位CXO或是卸任或是辞职，引发一时轰动的京东快递员取消底薪，都发生在2019年的第一二季度。当时的京东，可以说是内忧外患，亟待重整旗鼓。这一切的组织变化都源自 2019 年初，徐雷第一次以京东商城 CEO 讲话中提到的对京东未来的规划。他说，一直以来，京东都是一个中心化开放式货架的经营模式，这与京东自营供应链的基因有关，也与互联网零售早期的模式有关。随着技术的发展和多种互联网场景的出现，零售的边界已经极大地扩展，社交、短视频、资讯、游戏等都有形成交易的机会和需求。拓展交易场景的规划和拼多多基于微信这一社交场景以裂变形式肆意生长的交汇之处，就是京东拼购，也即，后来的"京喜"。

京喜的目标用户是下沉市场，这一市场用户的特点包括对价格敏感、时间相对充裕、熟人社会等，所以拼团、分销、抽奖等活动被验证是有效的。京东在 B2C 的自营中，侧重的是品控和服务，不以运营见长，所以京喜要想做成，必须依靠腾讯这棵大树。打开微信底部的发现界面，"购物"一栏链接的就是京喜小程序，原来这个一级入口链接的京东则退至支付界面的九宫格里，和拼多多、美团、唯品会等一个级别，属于二级入口。这足见腾讯对于京东的支持和京东对京喜的资源倾斜程度。腾讯对于京喜的意义在于两个方面，一是新用户规模的提升，二是在小程序里的流量。从用户数来看，2019 年第三季度，京东 AAC 增速就触底反弹。QuestMobile 数据显示，截至 2020 年 10 月，京喜 APP+ 小程序的去重总用户数突破 1.5 亿，其中 96.1% 的用户来自微信小程序，可以说京东超过 1 亿的 AAC 增长中，很大贡献来自京喜。从流量上来看，到 2020 年 8 月，京喜微信小程序的流量约 1.43 亿，直追 1.55 亿的拼多多，2021 年 6 月，京喜的流量 95% 来自小程序。

在京东的关键一役中，依然是借助腾讯充沛的流量池翻身。

在此必须指出，这些非常优秀的投资机构之所以能做一些内涵式价值创造的工作，是因为它们本身有技术优势、资金优势或者资源优势，大多数投资机构并不具备这些优势，即使想做内涵式价值创造的工作，可能也力不从心。所以，这并不是"想不想"的问题，而是"能不能"和"会不会"的问题。

4. 管理升级

很多投资机构声称可以帮助企业实现管理的优化和升级，这些投资机构一般会给出一个菜单，比如团队建设（人力资源优选）、管理体系改造升级、品牌战略甚至高管层个人的生活管理问题（比如子女入学、留学咨询、家庭成员就医等）。被投企业可以根据菜单提供的服务，按需点菜。

实际上，这样的赋能菜单并不一定有用，在团队建设、管理体系、品牌战略等方面，企业本身并不一定清楚自己的问题在哪里。如果投资机构只是简单地问问"需要我们做什么"这样的话，则得到的回答大概率是"谢谢，没什么"。

只有投资经理与企业管理层深入沟通，才能找到问题，进而知道该如何解决这些问题。参照麦肯锡的工作法，只有不断地提出有价值的问题，才能逐渐发现事情的本质。我们在附录二（赋能问诊系统）中列出了常见的问题，供投后管理的人员参考，这些问题涉及产品/服务、市场、团队和运营管理等方方面面。投后管理人员在提问时，切记如下基本原则：

第一，不要先入为主：保持开放的心态，接受各种答案，即使相互矛盾的答案或者与常识相悖的答案也要完整地倾听，但可以提出质疑。

第二，不要预设立场：不要在提出问题前心中就已经预设立场和答案，一旦对方的答案与自己的预设不符，就天然地不接受。

第三，不要轻易下结论：不要了解一些皮毛就下结论，要不断追问本质，一般所有的问题最终都是人的问题，如果没有追问到人，则很大概率并不是最终结论。

第四，不要情绪化提问：不要指责对方，不要轻易评价对方，不要咄咄逼人，也不需要虚情假意，保持专业、中立、客观、冷静。

发现问题是解决问题的第一步，只有发现了问题的本质，才能知道该如何解决。关于如何解决管理上的问题，并不是本书探讨的重点，因为管理上的问题千差万别、千头万绪，需要根据问题的本质，因时因地地寻求解决方案。这些知识需要通过阅读管理咨询类的书籍去获取。

（二）外延式价值创造

1. 并购整合

协助被投企业在并购整合去扩张的过程中，投资机构能做的最大贡献是提供并购所需的资金，其他的协助也很重要，但并没有战略意义，只是一些战术问题。

投资机构提供资金帮助被投企业并购整合的前提是，这些投资是划算的。那么，怎么才是划算的并购呢？这又回到了投资价值分析的框架，只有这些投资的资本回报率达到一定的预期，投资机构才愿意投资。

欧美国家根据每年并购调查研究得出相当一致的结果：20%~30% 的收购真正创造了价值，大约 50% 的收购非但没有创造价值，还起到了相反的作用，余下的那些收购只创造了很少的价值。这种现象已经被欧美国家所公认。尽管如此，市场主体的并购动机仍然强烈。解释这种并购动因的理论有很多，比如：

（1）效率理论。企业并购理论和并购实践一样充满着鲜明的时代脉搏。传统的效率理论认为，并购可提高企业的整体效率，即协同效应：1+1>2，包括规模经济效应和范围经济效应，又可分为经营协同效应、管理协同效应、财务协同效应和多元化协同效应，如夺取核心资源、输出自己的管理能力、提高财务信誉而减少资金成本、减少上缴税收、多元化发展以避免单一产业经营风险。横向、纵向、混合并购都能产生协同效应。鲍莫尔（1982）提出了可竞争市场和沉淀成本理论，进一步支持效率理论。1984 年，美国司法部的《合并指南》修正《克莱顿法》的传统观点，旗帜鲜明地支持效率理论。

（2）交易费用理论。科斯（1937）提出，企业的存在原因是可以替代市场产品，节约交易成本，企业的最佳规模存在于企业内部的边际组织成本与企业外部的边际交易成本相等时，并购是当企业意识到通过并购可以将企业间的外部交易转变为企业内部行为从而节约交易费用时自然而然发生的。交易费用理论可较好地解释纵向并购发生的原因，本质上可归为效率理论。

（3）市场势力理论。通过并购减少竞争对手，提高市场占有率，从而获得更多的垄断利润；而垄断利润的获得又会增强企业的实力，为新一轮并购打下基础。市场势力一般采用产业集中度进行判断，如产业中前4或前8家企业的市场占有率之和（CR4或CR8）超过30%为高度集中，15%~30%为中度集中，低于15%为低度集中。美国则采用赫芬达尔指数（市场占有率的平方之和）表示产业集中度。该理论成为政府规制并购、反对垄断、促进竞争的依据。

（4）价值低估理论。并购活动的发生主要是目标企业的价值被低估。詹姆斯·托宾以Q值反映企业并购发生的可能性，Q=公司的市场价值/公司资产的重置成本。如果Q<1，表示价值被低估，有并购的价值。反之则反。

另外，还有一些其他的解释理论，比如代理成本理论、战略发展和调整理论、利润动机理论、投机动机理论、竞争压力理论和预防和安全动机理论等。

上述分析表明，对于被投企业来说，并购的动机并不一定是基于提升资本回报率，还可能有其他的原因，但对于投资机构来说，追求资本回报率最大化是最终目标，所以，是否为被投企业提供资金，还需要回归到投资价值分析的框架。

从投资机构的角度分析是否要为被投企业并购扩张提供资金支持，有两个分析思路：

第一个思路是财务角度。如果一个并购可以提高整个公司的净资产收益率，那么继续加码投资就是合理的。投资机构作为股东，从财务角度看，是否能获取收益最直接的指标是净资产收益。当然，除了净资产收益率外，一个企业要获得持续的盈利能力，还需要考虑利润表是不是改善了，现金流量表有没有压力等。

第二个思路是投资价值角度。投资角度更多地关注并购后企业未来的发展趋势，比如并购后市场份额是不是增大了，定价权是不是提升了，研发能力是不是提升了，资本市场对其的估值是不是提升了，等等。关于投资价值是否提升，还需要回归到投资价值的分析框架，可以参见"第六章　投后管理的重要专项问题"中"投后管理中用到的投资分析框架及复盘要点"的内容。

2. 产能扩张

如果被投企业的产品或服务供不应求，那么产能扩张是必需的。同样地，是否为被投企业产能扩张提供资金支持，也需要回归到投资价值分析的框架。在经济学上，有"规模经济递减"的规律。规模经济又称规模效应，即因规模增大带来的经济效益提高，但规模过大可能产生信息传递速度慢且造成信息失真、管理官僚化等弊端，反而产生"规模不经济"。规模经济是经济学上研究的课题，即生产要达到或超过盈亏平衡点，即规模效益。经济学中的规模效应是根据边际成本递减推导出来的，也就是说，企业的成本包括固定成本和变动成本，混合成本可以分解为这两种成本，在生产规模扩大后，变动成本同比例增加而固定成本不增加，所以单位产品成本就会下降，企业的销售利润率就会上升。但如果规模继续扩大，有可能会让单位生产成本抬头，如必须新增大量人工成本、增加营销管理费用以支撑更大的销售规模，以及由于需求走高导致原材料供给出现紧张导致采购价格上涨等。

对于投资机构来说，是否继续加码被投企业，为其产能扩张提供资金，关键看企业目前是处于"规模经济"还是"规模不经济"的阶段。国内大多数行业仍然存在散、乱、差的现象，还没有达到"规模不经济"的发展阶段，所以，大多数情况下，协助企业扩大产能是一个赚钱的生意。

当然了，投资机构还需要考虑该企业与其他企业的资本回报率相比是高还是低，如果尽管协助该企业产能扩张能提升这一投资项目的收益率，但仍然没有超过其他项目的投资收益率，则未必会继续加码投资。

关于产能扩张后，投资价值是否提升，可以参见"第六章　投后管理的重要专项问题"中"投后管理中用到的投资分析框架及复盘要点"的内容。

（三）止损式价值创造

有一些被投企业可能会面临债务过重，甚至资不抵债的情况，尽管这种情况下一般都触发了回购条款，但现实中往往是大股东或者主要股东已经没有回购能力了。对于投资机构来说，如何协助企业渡过难关，让自己的损失减少才是当务之急。

对于债务过重，现金流紧张的企业，可以协助企业做债务重组，通过以物抵债、债转股、债务延期或者减免息的方式减轻债务压力；对于濒临破产的企业，可以协助管理层谋求重整方案，并争取取得债权人会议的同意。如果投资机构投资了多家同行业的企业，其中某一家企业出现了严重的问题，则可以通过换股和吸收合并的方式把不良资产折价注入优良资产中。所有这些操作都是止损式的，是在投资失败已成定局的情况下，寻找减少损失的方案。

1. 债务重组

债务重组指在不改变交易对手方的情况下，经债权人和债务人协定或法院裁定，就清偿债务的时间、金额或方式等重新达成协议的交易。与同样具有消灭债权债务关系功能的破产程序相比，债务重组体现为双方当事人之间的谈判与协议的过程，法律干预程度较低，与破产程序的"法定准则"及"司法主导"两大特征形成鲜明的对比。债务重组是以平等、自愿、互利的原则，寻找能够均衡双方利益的偿债方案。

作为股东的投资机构，在协调债务重组的过程中可以发挥专业支持、谈判协调和方案优化等作用。

（1）**专业支持**：投资机构可以协助企业进行债务重组方案的制订，比如，在以资产清偿债务（以物抵债）的方案中，投资机构可以协助企业进行可偿债资产的梳理和评估；如果采用债转股方案，投资机构可以协助企业做债转股的转股方案；投资机构可以牵头与债权人探讨修改其他偿债条件的可能性，比如减少债务本金、降低利率、免去应付未付的利息等。

（2）**谈判协调**：大部分债权人都是金融机构，投资机构相比被投企业来说，更熟悉金融机构的内部运作、管理制度、决策体系和关键人员等，作为股东，可以代表被投企业与债权人沟通谈判，就债务重组方案达成一致。

（3）**方案优化**：在谈判过程中，综合各方的意见，投资机构可以权衡各方利益，不断修改债务重组方案，以达成各方的同意。

2. 破产重整

被投企业一旦进入破产程序，在清偿完毕优先级债务之后，一般都不会留下剩余资产，而作为股东，投资机构一般是血本无归的。所以，大部分的破产企业，股东都会寻求重整。在重整的过程中，投资机构同样可以发挥专业支持、谈判协调和方案优化的作用。

以下是一个债务重组的方案，这个方案比较完整地呈现了破产重整的逻辑和步骤。当然，对于不熟悉破产重整的读者，只看这个案例也许很难看出门道，建议需要的时候可以阅读专门介绍破产重整的教材，限于篇幅，此处不再展开探讨破产重整的具体细节问题。

破产重整的逻辑如图4-2所示。

破产是一个法律程序，而重整更多的是商业安排。破产重整整个过程既有法定的程序需要履行，同时又有债权人、股东和管理层之间的商业谈判。破产重整中，破产管理人的角色非常重要，他既需要按照法律法规的规定推进程序，又需要协调各方利益，通过谈判达成一致。

破产重整的主要步骤和注意事项如下：

第一，清产核资并确认债权。如图4-2所示，在破产管理人主导下，经过清产核资和债权确认，得出破产重整的标的公司有多少资产，多少债务。有多少债务有抵押，已抵押的资产清偿完毕抵押债权外，是否有剩余。有多少资产是没有抵押的。

第二，清偿部分债务。即使是重整，也不是不清偿所有的债务。清偿哪些，清偿多少，是可以谈判的，但需要按照法定的清偿顺序依次清偿，先要清偿破产管理人的管理费，其次是公益债权，然后依次是劳务债权、所欠税款和有抵押债权。

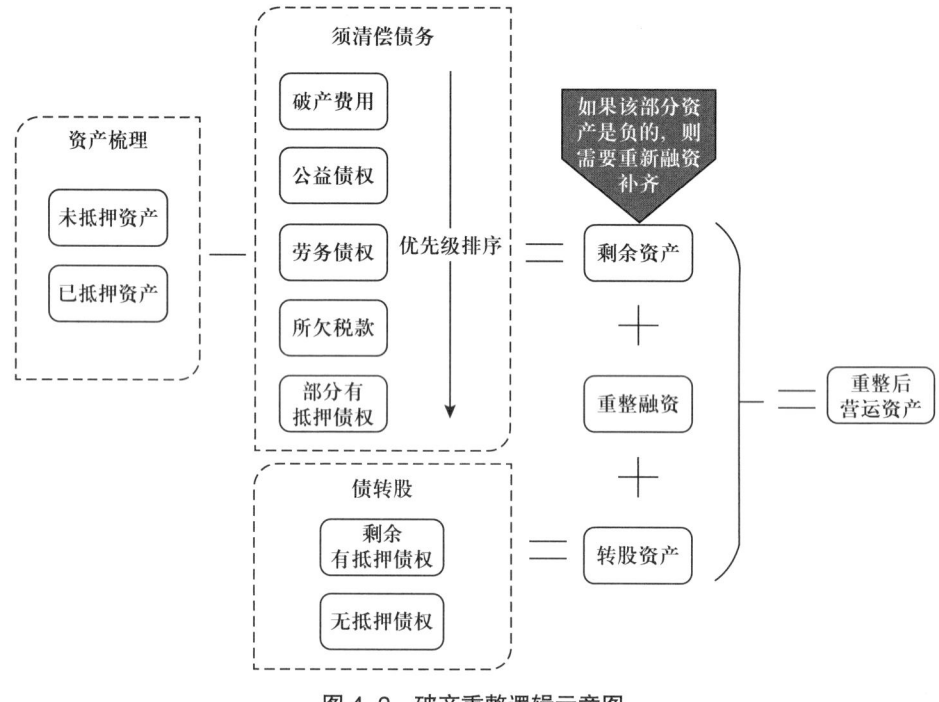

图 4-2 破产重整逻辑示意图

第三，清偿计划之后，是债转股的计划。通过债转股，把部分债权折成股份（资产），重整后运营起来，再通过分红或者其他的安排保障这部分债权人的利益。同样地，哪些人转股，转多少，也需要谈判。

第四，融资计划。在内部清产核资和债务清偿与转股方案确定后，如果剩余资产已不足以继续运营，则需要制订融资计划。融资计划需要结合未来的人员规划、业务规划、资本市场规划等统筹安排。

关于破产重整的具体步骤请见附录三（破产重整方案暨商业价值分析）。在需要对外融资的重整方案中，需要关注融资的估值水平，为公平起见，这个估值水平原则上应该使债转股的理论偿付率与现金的实际偿付率一致。由此可知，对于外融资的重整方案，不仅需要协调现金偿付和债转股债权人的利益，还需要协调原股东、债转股股东和新进入股东之间的利益，需要多方利益一致，才可能成功重整。如果投后管理人员主导重整方案，不仅需要有过硬的专业技能来设计和调整方案，也需要有较强的沟通谈判能力和资源整合能力。

另外需要强调的是，一个重整方案不仅需要相关当事人同意，还需要裁定破产的法院同意才能实施。

3. 吸收合并

吸收合并是比较少见的投后管理手段，仅在特定的情况下适用。比如，投资机构投资了同行业的 M 公司和 L 公司。L 公司运营困难，但有技术团队和优秀的产品；M 公司运营正常。此时，投资机构可以协调 M 公司吸收合并 L 公司，接管其技术团队和产品。投资机构可以用 L 公司的股权以一定的对价换成 M 公司的股权，以期以 M 公司股东的身份寻求退出，也是一种止损的手段。

三、价值调整

如果被投企业业绩没有达到预期，投资价值会相应地下降，投资机构可以通过执行对赌或者变更交易架构来调整投资估值。这种情况非常常见。

（一）对赌执行

1. 执行对赌的情况

被投企业没有达成承诺的业绩，就一定要执行对赌条款吗？不一定，要分情况看。

如果被投企业在个别年度没有完成承诺的业绩，但经过分析，认为是一些偶然的因素造成的，未来这些因素消除后，业绩还可以上升，并且估值水平不会受到影响，则可以不执行对赌。

如果被投企业在个别年度没有完成承诺的业绩，经过仔细分析，认为是一些阶段性的困难，未来业绩还会好起来，但估值水平会下降一些，那么就要考虑执行对赌，让估值水平回到合理的水平。

如果被投企业在某个年度没有完成业绩，且经过仔细分析，认为其业绩下滑是趋势性的，并不是偶发性的，那么基本可以判断已不具备投资价值。此时，不仅要考虑对赌，甚至还要考虑通过回购或者其他手段退出。

2. 股权补偿还是现金补偿

很多的投资协议约定投资机构有选择股权补偿和现金补偿的权利，投资机构当然选择对自己最有利的方式。对于成长性好，上市或并购预期明确的企业，会优先选择股权；对于成长性一般，或者出现趋势性的业绩下滑的，或者因为种种原因导致上市预期不明确的，退出周期较长的企业，会优先选择现金补偿。

在实践中，被投企业的大股东可能无力执行现金补偿，可根据具体谈判的情况，采取股权和现金混合的方式。

3. 执行方式

如果执行现金补偿，那么补偿义务方很可能没有一次性支付的能力，此时需要协商一个分期支付的方案，包括分期数、每期数（需要分析每期数的资金来源，以论证可行性）、利息等，必要时可以质押一部分补偿义务方的股权或其他资产作为增信手段。

执行股权补偿相对容易一些，可以无偿、以1元象征性价格或者法律允许的最低价等方式直接转让过户即可。当然，补偿义务方可能也会提出自己的诉求，比如他认为业绩还会好起来，无须补偿。在这种情况下，出于谈判策略考虑，投资机构可以选择先过户再质押给补偿义务方，等业绩好起来再无偿、1元象征性价格或者以法律允许的最低价等方式转让回去；或者也可以先不过户，但补偿义务方把应该补偿的股权部分质押给投资机构，等待业绩好起来解除质押，如果业绩没有好起来，则需要办理过户。

对赌都需要艰苦的谈判甚至诉讼，关于谈判和诉讼我们在最后一章以专题方式探讨。

（二）治理架构变更

治理架构变更一般是在发现大股东或者管理层有严重诚信问题时使用。治理架构变更，顾名思义，就是需要修改投资时约定好的治理架构，这需要投资机构和被投企业重新谈判。治理架构变更的本质是，大股东或者管理层的诚信问题导致企业信用价值下降，大股东或者管理层通过向投资机构让渡部分管理权进行信用补偿，如图 4-3 所示。

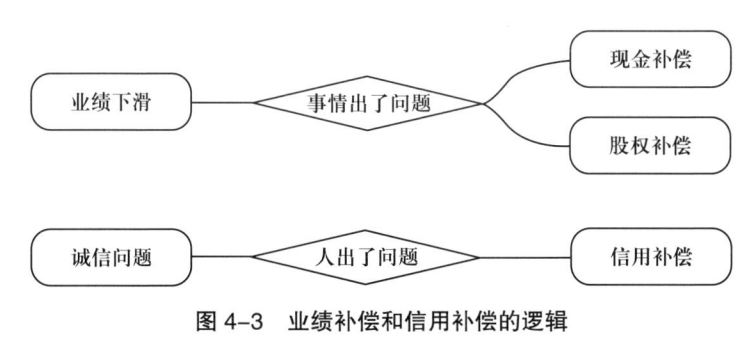

图 4-3 业绩补偿和信用补偿的逻辑

常见的治理架构变更如下：

1. 投票权委托

大股东或者管理层的股东把自己全部或者部分股权投票权委托给投资机构，由投资机构代为行使投票权。这种委托仅为投票权委托，该股权的权属和股息仍然属于大股东或者管理层股东。

2. 议事规则的变更

有一些被投企业的大股东或者管理层利用职务之便，挪用公司资金，甚至侵占公司财产，这种情况理论上触犯了刑法，但因为取证比较困难，不一定能定罪。投资机构发现此事后，可以在股东会议事规则、董事会议事规则中增加"一票否决权""决策回避制度"等，以阻止大股东或者管理层侵害。

3. 关键管理人员的提名或者委派

上述的议事规则只是决策层面的事情，要想完全杜绝，还需要在执行层面做一些调整，比如可以约定投资机构有总经理（或曰 CEO、总裁等岗位）提名权，或者投资机构直接委派财务总监，把账目和收支管起来。

4. 业务流程加签

在一些情况下，投资机构和被投企业可能会完全失去信任，此时，投资机构可能会要求被投企业的一些流程要经过投资机构的审批方能生效，尤其是一些中高管人士的招聘和任命流程，投资机构会重点关注。

也有一种可能是，投资机构提名的总经理不敢承担所有责任，把一些重要流程的最终审批权限交给投资机构。

业务流程加签是非常重磅的管理方式，但也非常低效。因为投资机构的管理层并不熟悉被投企业的业务，投资业务本身就很繁忙，他们也不可能驻场到被投企业。因不了解情况，生硬地进行审批，不一定能解决问题，反而会制造各种问题，拖延推诿在所难免，一定要慎用。

5. 参股转为控股

在一些极端的情况下，比如被投企业的大股东涉嫌违法犯罪，且很有可能被定罪，投资面临重大风险，在这种情况下，投资机构一般也没有退出机会，则可以考虑收购大股东股权，让其出局，重组管理层，继续支持公司发展。除此之外，选择的可能性不是很多。

在这种情况下，大股东转让价格一般可以压下来，则投资机构的整体投资价格是下降的，如果企业的业务发展维持正常，由参转控也不失为一件好事。

四、价值实现

项目采取何种方式退出一般都需要通过公司决策，具体的决策方式需要看基金的合伙协议是如何约定的。从常见的退出方式上看，一般有以下几种：

（1）二级市场竞价交易退出。竞价交易主要关注的要点有两个：一是减持新规（见附录），在减持的关键节点及时披露信息；二是减持底价的确定，综合基金目标收益率、标的公司后市预测和基金DPI管理目标等因素确定。竞价交易的好处是不需要给市场化的减持机构让利，坏处是需要自行承担市场下行风险，且减持时间较长。在退出方案决策通过的价格区间或者底价以上进行退出方案的执行中，无须向决策层汇报决策，但应就退出执行情况及时同步决策层。如果是通过二级市场竞价交易进行退出，每日收盘后，应将当日退出权益数、退出均价、退出总金额和交易明细以及累计退出权益数、退出平均价、退出总金额等同步决策层。鉴于二级市场交易的敏感性，该类信息应严格控制知情范围。

（2）二级市场盘后集中竞价或大宗交易退出。盘后集中竞价和大宗交易除注意减持新规和底价外，还需要筛选接盘方，一般应该通过询价几家市场化的机构选定合适的合作方。需要快速减持的情况下，可以通过集中竞价和大宗交易。

（3）二级市场委托交易。二级市场委托交易是委托市场化减持机构代卖股票，需要把股票账户交给被委托机构。有兜底代卖，也有无风险代卖。委托交易好处是可以节省人员成本，坏处是需要对外提供账户。另外，兜底代卖的情况下，如果股票价格上涨，上涨部分归被委托机构享有。一般来说，如果是兜底代卖，也应做一些询价，再确定合作方比较合理。

（4）并购退出。并购退出是IPO退出之外的第二大退出渠道。我们只讨论被上市公司并购，非上市并购的，与转让退出本质上是一致的。上市公司并购主要关注《上市公司重大资产重组管理办法》，是否构成重大，主要看并购对象规模（主营业务、资产、收入）。另外，如果上市公司通过发行股份购买资产的，无论是否重大资产重组，均为行政许可类事项，需要证监会批准。一旦属于许可类重大资产重组，审核周期会较长，且存在不予批准的可能性。作为投资机构，仅需要关注重大资产重组的审核节点和流程，无须关注过多技术细节，技术细节由券商把关。

（5）转让退出。转让退出属于市场主体之间的交易行为，主要风险点是没有任何行政审批和信息披露，也没有监管机构监管，所以，主要的保障是民事合同（即股权转让协议）。需要重点关注民事合同中关于股权转让款的分期支付、工商变更的节奏和其他股权附带权利（比如回购权、投票权等）。

（6）回购退出。回购的关注点有：一是为什么要回购？需要结合公司未来趋势、回购义务方的意愿和能力以及是否有其他机构会先于我们提出回购等因素，判断是否应启动回购。二是回购义务方，如果是股东回购，则法律关系比较简单；但如果是公司回购，则需要启动公司决策程序，尤其如果回购股份注销，则涉及公司减资，不仅需要股东会通过，而且可能需要债权人会议通过，程序较为复杂；如果回购股份做分配和激励，又会影响公司业绩。总之，如果是公司回购股份，要与企业充分沟通方案，因为牵扯的利益方太多了。回购主要涉及的是谈判问题，需要谈判技巧，一般谈判技巧有：决策矩阵、红白脸谈判角色、以打（官司）促谈等，可以根据实际情况选用。另外，站在谈判对手方的角度，也需要我们协助回购义务方设计方案，帮助对方构建现金流，缓解其压力，提高方案的可操作性。这个没有定规，需要随机应变。

（7）S基金份额转让退出。S基金（Secondary Fund）主要指从已经存在的LP手中购买相应的私募股权权益，也包括从GP手中购买私募股权基金中部分或所有的投资组合。S基金份额转让有主动和被动两种。鉴于最近市场上母基金的投资策略普遍是P-S-D模式，所以，投资机构被动出让S份额会成为常态，被动出让S基金的，一般不会折价。主动的S基金份额转让退出是指，在基金退出期届满时，投资机构主动与市场化的S基金进行交易，以折价的方式出让S基金份额。被动出让的，不是传统意义上的退出，只是一种募资策略。主动出让S基金的，是退出策略，主要的关注点是定价问题。一般基金估值有三种方法：第一种是财务口径，主要以成本法、最新交易法和可比公司法等方式定价；第二种是现金流折现法，即模拟项目退出现金流，进行折现估值；第三种是复盘法，即复盘投资时的重要假设，评估其变化，然后重新对估值模型进行估值。S基金交易一般采用第二种估值方法。

我们接下来重点介绍主要的几种退出方式。

（一）IPO

被投企业在IPO申报的过程中，投资机构可以做的投后管理工作并不是很多，主要有以下几个方面：一是协助企业准备申报材料；二是投资协议中部分条款的清理；三是减持承诺的协商等；四是关注IPO申报审核进度。另外，也应及时关注基金运营部门是否已经开立了基金的证券账户。

1. 上市地的选择

深交所给出一个企业选择上市地需要考虑的因素，我们认为这些因素确实很重要，也很合理，在决策时需要综合考虑。企业在选择上市地时一般应考虑以下因素：

（1）是否符合公司发展战略的需要，包括产品市场、客户、品牌形象、企业与拟上市地国家（或地区）业务的关联度。

（2）公司的信息半径，一般而言，公司的信息半径与产业、客户等有关，如国外投资者一般对中国非网络业的企业认同度较低。

（3）上市标准的差异，国内外上市标准差异较大，国内市场各板块之间也有不同定位，因此足够了解拟上市地的游戏规则并符合企业上市要求显得很重要。其中包括对公司治理的适应，如根据萨班斯法案，美国对中小企业提出很严格的治理要求，企业因此会付出更多的成本。

（4）一级市场的筹资能力、市盈率水平、二级市场的流通性、市场活跃状况、后续融资能力。

（5）上市成本，包括初始上市成本与后续维护费用。

（6）上市时间与进程。

（7）地理位置、文化背景、法律制度等。

（8）政府的有关政策。

当然，其中最重要的是企业能否满足各交易所的硬性要求。我们在附录四（各交易所上市条件）中列出了A股、港股和美股各板块的上市条件，供参考，在使用该表时需要实时关注规定是否有变化。

2. 协助企业准备申报材料

在有限公司整体改制为股份公司时，关于股本大小，应同时考虑如下因素：每股收益的合理（一个市场上很多人采用的参考标准是EPS控制在0.5–1元/股，当然这个标准对尚未盈利的企业不适用）；未分配利润转增股本时可能产生的税收；总股本的大小对应的银行负债；等等。

投资机构需要签署包括股东大会文件、发起人协议、公司章程等一系列文件。投后负责人应认真比对上述文件与投资协议及补充协议是否有重大差异，尤其需要关注是否对优先出让权、优先购买权、反稀释条款有不利影响。如有不利影响，应提请公司决策。

保荐机构和律师在对拟上市企业进行尽职调查时，需要调查企业各股东（基金）的相关情况，投后管理人员应及时提供：

（1）基金的对外投资名录。

（2）基金的出资人（需要追溯到自然人或者国有控股单位）的工商材料（包括基金的合伙协议，工商三证，有最新查询章的工商简档及内档，基金的历史变更信息等）及自然人股东的工作经历。

（3）基金及管理人在证券基金业协会的登记备案情况。

（4）基金的最新的财务状况。

3. 投资协议中部分条款的清理

投资协议中一般会约定对赌、回购等条款，国内的监管机构一般会要求在上市前清理这些条款。现在只有科创板对这类条款有一定的宽容度。《上海证券交易所科创板股票发行上市审核问答（二）》第10项关于对"在投资时约定有估值调整机制（对赌协议）"的核查要求，原则上要求发行人在申报前清理对赌协议，但同时满足以下要求的对赌协议可以不清理：一是发行人不作为对赌协议当事人；二是对赌协议不存在可能导致公司控制权变化的约定；三是对赌协议不与市值挂钩；四是对赌协议不存在严重影响发行人持续经营能力或者其他严重影响投资者权益的情形。

对于投资机构来说，清理这些条款有一定风险。如果在企业申报IPO的过程中清理掉这些条款，万一企业IPO失败，投资机构就失去了保障。所以，市场上普遍存在通过"抽屉协议"解决这些问题。

4. 减持承诺的协商

保荐机构和被投企业都希望投资机构能够承诺上市后尽量长的限售期，这样公司的股价才有支撑，但现实的情况是，投资机构管理的基金有封闭期限制，不可能承诺很长的限售期，一般投资机构仅仅会承诺法定的限售期内不减持。当然，如果经过评估，更长的限售期对各方更有利，投资机构也会签署更长的限售期承诺。

国内资本市场对于减持的规定见附录五（减持新规解读），在具体操作时应关注最新的规定。如果是境外上市，需要关注境外资本市场的减持规定。

5. 关注 IPO 申报审核进度

IPO 申报审核过程中，投资机构的投后管理人员要做的工作不是很多，只需要时刻关注申报和审核的进展，并估算最终上市时间，因为上市时间直接关系到持有时间，也直接关系到投资的 IRR。

（1）国内资本市场 IPO。2018 年，上海证券交易所设立科创板并试点注册制；2019 年，首批科创板公司上市交易；2020 年，深圳证券交易所创业板改革并试点注册制正式落地；2021 年，北京证券交易所揭牌开市并同步试点注册制。2023 年 2 月 1 日，中国证监会就全面实行股票发行注册制涉及的《首次公开发行股票注册管理办法》等主要制度规则草案公开征求意见。这标志着，经过 4 年的试点后，股票发行注册制将正式在全市场推开。4 月 10 日，主板实施注册制后首批 10 只新股登陆 A 股市场。

根据《首次公开发行股票注册管理办法》的规定，各个板块功能定位做了区分：

主板突出"大盘蓝筹"特色，重点支持业务模式成熟、经营业绩稳定、规模较大、具有行业代表性的优质企业。

科创板面向世界科技前沿、面向经济主战场、面向国家重大需求。优先支持符合国家战略，拥有关键核心技术，科技创新能力突出，主要依靠核心技术开展生产经营，具有稳定的商业模式，市场认可度高，社会形象良好，具有较强成长性的企业。

创业板深入贯彻创新驱动发展战略，适应发展更多依靠创新、创造、创意的大趋势，主要服务成长型创新创业企业，支持传统产业与新技术、新产业、新业态、新模式深度融合。

《首次公开发行股票注册管理办法》对股票公开发行条件做了规定，借鉴科创板、创业板的经验做法，以信息披露为核心，强调按照重大性原则把握企业的基本法律合规性和财务规范性，防控好风险。取消了现行主板发行条件中关于不存在未弥补亏损、无形资产占比限制等方面的要求。规定申请首发上市应当满足四方面的基本条件：一是组织机构健全，持续经营满三年；二是会计基础工作规范，内控制度健全有效；三是发行人股权清晰，业务完整并具有直接面向市场独立持续经营的能力；四是生产经营合法合规，相关主体不存在《首次公开发行股票注册管理办法》规定的违法违规记录。同时，根据主板定位特点，规定企业申请在主板上市的，相较科创板、创业板，在实际控制人、管理团队和主营业务方面应满足更长的稳定期要求。

注册制的申报、审核和注册流程如图4-4所示。

（2）美国资本市场IPO。美国有完善的多层次资本市场。全国性的证券市场主要包括纽约证券交易所（NYSE）、全美证券交易所（AMEX）、纳斯达克股市（NASDAQ）以及场外交易市场OTC等。如图4-5所示。

美国实行IPO注册制，审核周期较短，一般在6个月之内审核完毕。如图4-6所示。

（3）中国香港资本市场IPO。在中国香港IPO主要包括7个环节，即递表、聆讯、路演、招股、公布配售结果、暗盘交易以及正式上市。其中，递表需3~6个月，聆讯2~3天，路演一周左右，招股3~7天，公布中签结果周期5~7天。如图4-7所示。

（二）并购

并购退出是除IPO退出外最大的退出渠道。

这种退出方式的优点：第一，并购退出更高效灵活，不受IPO诸多条件的限制，复杂性较低、花费时间较少。第二，可选择灵活多样的并购方式，适合于创业企业业绩逐步上升，但尚不能满足上市的条件或不想经过漫长的等待期，而创业资本又打算撤离的情况。第三，被兼并的企业之间还可以相互共享对方的资源与渠道，这也将大大提升企业运转效率，可缓解投资机构的流动性

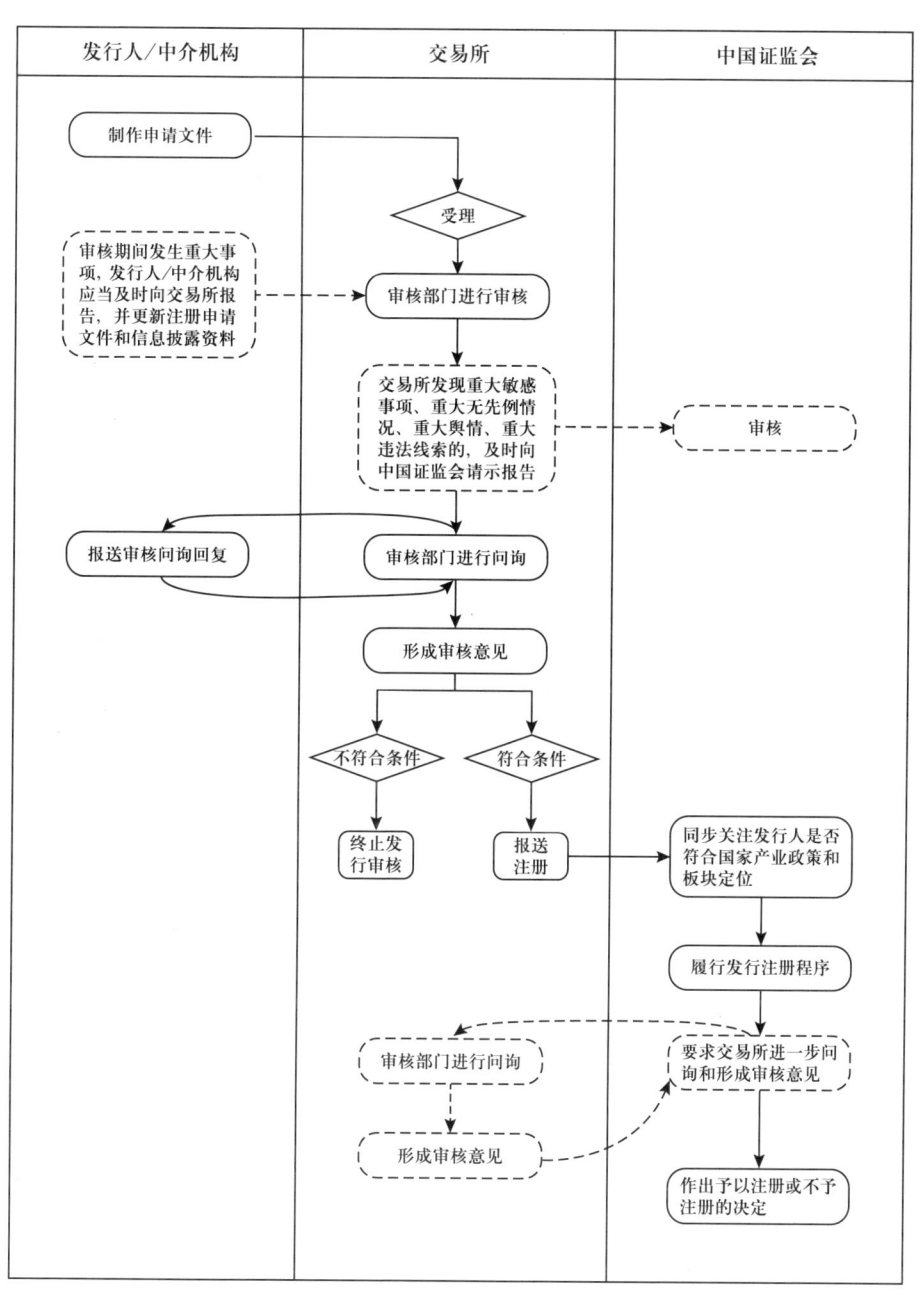

图 4-4 A 股 IPO 注册制下申报、审核和注册流程

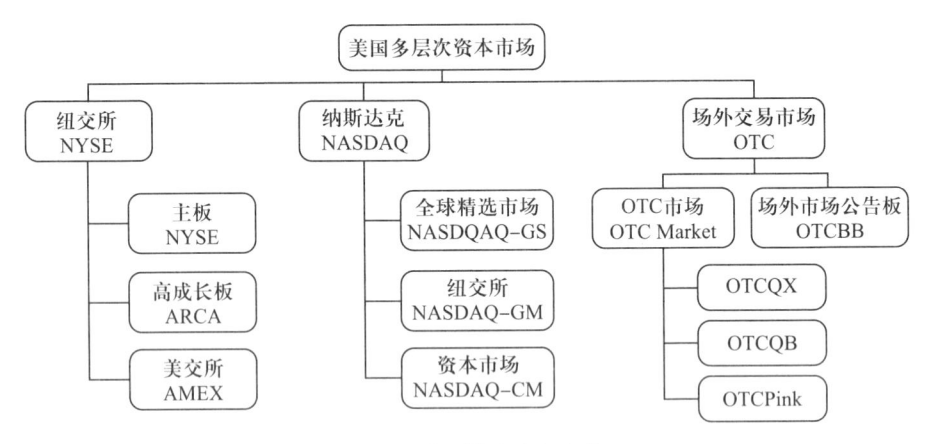

图 4-5　美国资本市场架构

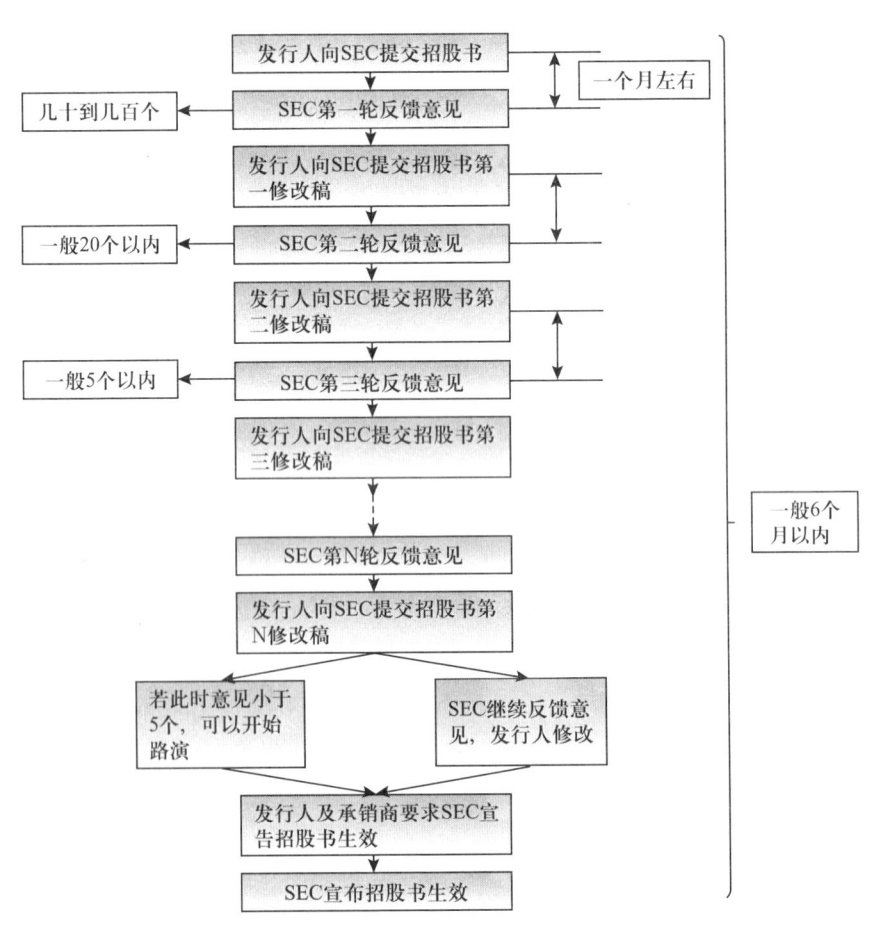

图 4-6　美国资本市场 IPO 申报审核流程

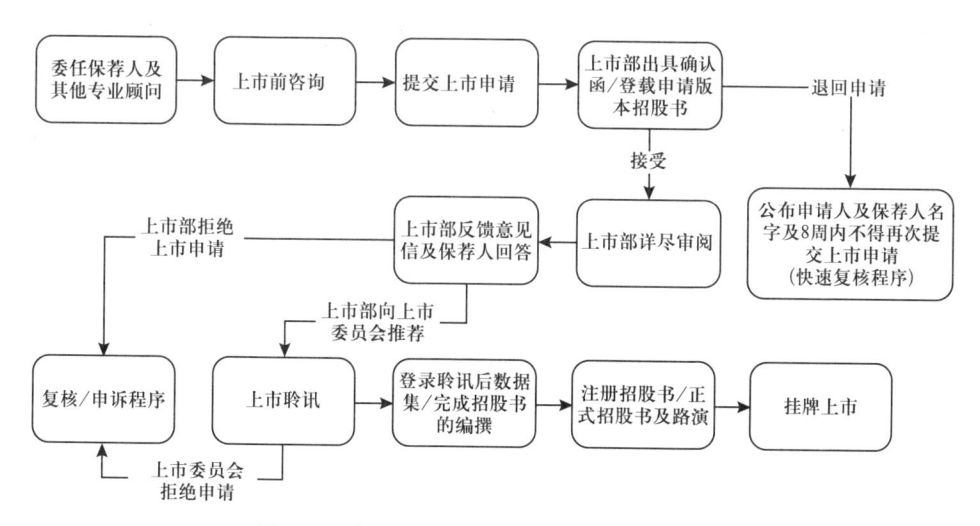

图 4-7　中国香港资本市场 IPO 申报审核流程

压力。

这种退出方式的缺点：第一，收益率一般低于 IPO，退出成本较高，并购容易使企业失去自主权。第二，并购交易撮合和谈判并不容易，成功率不高。第三，企业控制权发生变更，管理层可能产生抵触情绪，可能会给并购造成困难。

在并购退出中，投后管理人员能做的工作主要有以下几个方面：

1. 撮合交易

这项工作包括：帮助被投企业寻找合适的并购方，帮助企业确定合理的被并购价格，帮助企业设计合理的并购方案。在谈判过程中，投后管理人员可通过沟通协调和方案调整，使各方尽快达成一致。

2. 投资机构利益维护

投后管理人员在参与并购方案设计过程中，应关注投资协议中约定的一系列相关权利，比如拖售权、随售权、优先出售权等，如果还有待执行的对赌，也可以用股东差异化定价的方式执行该对赌。也即可以约定对赌义务方在收到并购款后应向投资机构支付对赌协议约定的补偿，或者直接要求对赌义务方指示并购方将自己应得的部分股权转让款支付投资机构作为补偿。

3. 关注并购进展

一般并购方都是上市公司，如果该并购属于重大资产重组，且需要配套融资、发行股份购买或者重组上市，则属于许可类的重大资产重组，涉及监管机构审核；如果只是现金购买，则属于非许可类重大资产重组，仅需要按照信息披露的规定披露信息即可。具体规定可参阅上市公司重大资产重组相关规定，具体的技术细节属于投行的工作，投后管理人员简单了解即可，在此不再赘述。

图4-8是许可类的重大资产重组审核流程，投后管理人员应及时关注并购审核进展。

（三）回购

1. 执行回购

回购的触发条件很多，是否一旦触发回购条件就执行回购呢？答案是不一定。一旦投资机构决定执行回购，则意味着承认这笔投资是失败的，这个结论需要基于一个完整的分析过程才能得出。当然，我们很难给出一个统一的框架，因为"成功的项目都是一样的，而失败的项目各有各的失败法"，我们只能给出一些原则，即基于合理的投资分析框架，得出的结论是继续持有该项目弊大于利，得不偿失。这些原则听起来就像废话一样，但实操中，要得出非常明确的结论却是很难的。

投资机构内部都会有一些重大事项的决策程序，回购一般属于重大事项，这个决策需要经过一系列的决策程序才能作出。在VC投资机构里，很多的项目即使确认失败，并且有回购条款，也不会去执行回购，回购义务方也没有回购能力，投后管理人员努力也没有意义。

2. 发出回购通知

通知：在回购执行过程中，有一个很重要的动作是"发出回购通知"，只有发出回购通知，才真正意义上"触发"了回购条款。在很多的协议中，会约定一个通知期间，意即，在投资机构知道或者应知道被投企业已经触发回购条

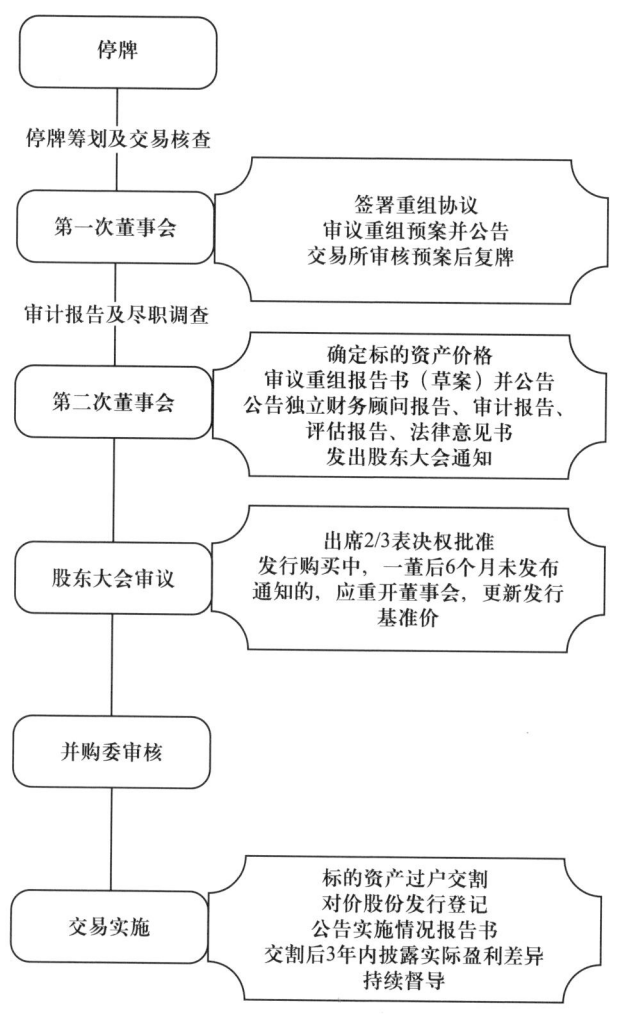

图 4-8 重大资产重组审核流程

```
停牌
 │ 停牌筹划及交易核查
第一次董事会 ── 签署重组协议
              审议重组预案并公告
              交易所审核预案后复牌
 │ 审计报告及尽职调查
第二次董事会 ── 确定标的资产价格
              审议重组报告书（草案）并公告
              公告独立财务顾问报告、审计报告、
              评估报告、法律意见书
              发出股东大会通知
 │
股东大会审议 ── 出席2/3表决权批准
              发行购买中，一董后6个月未发布
              通知的，应重开董事会，更新发行
              基准价
 │
并购委审核
 │
交易实施 ── 标的资产过户交割
          对价股份发行登记
          公告实施情况报告书
          交割后3年内披露实际盈利差异
          持续督导
```

款时，在某一期间内向回购义务方发出要求回购的通知，否则视为放弃权利。投后管理人员一定要仔细关注此条款，确保在规定的时间内发出通知，否则该权利就失去了。

送达：发出回购通知时，应该采用多种方式，以便未来在诉讼或者仲裁时确认送达时间。比如可以发出电子邮件，同时发出微信并做微信记录公证，同时发出经公证的信件等。经公证的微信记录或者信件，都是效力很高的送达证明。

3. 执行方式

即使有部分的回购义务方有回购能力，也不一定能一次性付款，需要协商分期支付的方案，与对赌中的现金支付一样，需要考虑分期方案的可行性。

在很多情况下，需要通过诉讼或者仲裁去执行回购，在最后一章的诉讼专题中介绍。

（四）基金份额转让

1. S 基金现状

如前文所述，通过 S 基金份额转让可以实现退出。

中国 S 基金的发展，大致经历了三个阶段。

第一阶段（2013~2016 年），个别 LP 出于流动性的需求寻求基金份额交易，交易标的仅局限在头部优质标的，追求高于行业平均回报率。

第二阶段（2017~2020 年），S 基金逐渐受到关注，S 基金数量缓慢增加。

第三阶段（2021 年至今），S 基金迅速发展。很多基金发起设立各种类 S 基金产品，S 基金交易金额进一步放大；同时，S 基金的竞争也更加激烈，竞争重点从原先单一的对项目价值判断，扩展至底层项目评估、交易方案设计、交易流程把控、P+S+D 组合投资能力的综合竞争。

总的来讲，国内 S 基金行业尚处于早期阶段，整体交易规模较小，通过 S 基金退出的基金比例很低，通过 S 基金退出的交易案例虽然逐渐增加，但总量仍然很小。行业仍然处于卖方市场培育阶段，LP 散户过多，所拥有份额规模较小并且分散，很难促成大规模的交易量或集中起来设计交易结构。

2. S 基金主要的交易模式

（1）LP 型交易。最传统和常见的交易模式，S 基金直接购买基金的 LP 所持有的基金份额。该交易模式将使原有 LP 达成多种目标：提早获得现金；改变投资策略；规避 IPO 退出限制法规；锁定基金的回报率。

（2）直投型交易。S 基金直接购买基金所持有的项目公司股权，且 S 基金不直接管理已投资产。该交易模式将使原有的投资方达成多种目标：提早获得现金；改变投资策略；避免零散售卖资产的时间和成本；规避 IPO 退出限制法规；分拆投资管理团队。

（3）增资扩股型交易。基金增资到 S 基金中，扩大基金规模。S 基金投资原基金的投资标的，并且无须再成立一个 GP 去管理项目。可以解决 GP 的募资问题，增加基金规模；为原有 LP 提供增资至该基金的机会。

（4）收尾型交易。S 基金购买即将到期的原基金剩余资产。该种交易模式将让基金的 LP 提前并全部退出，加速锁定基金回报。对于 GP 而言，收尾型交易可以让 GP 更快地释放管理精力到其他的基金或解决资金流动性问题。

3. S 基金的估值问题

S 基金交易过程中，估值是核心问题。目前 S 基金行业内的专业机构数量少，交易量仍然较低，项目尽调对专业能力要求较高、难度较大，估值机制不健全，同时缺少足够的相关中间服务商，导致 S 基金交易难上规模。目前，市场上一般采用可比交易法或者现金流折现法对 S 基金进行估值。

（1）可比交易法一般是参考市场上同类型的 S 基金交易价格，然后按照主观或者客观估计，乘以一个特定的折扣率，得出最终交易价格。这种估值方法的好处是操作难度小，但坏处是主观因素较多，结果不可能准确。

（2）现金流折现法用得较多，主要的手段是对 S 基金持有的底层项目一一分析，预测其未来变现可能性、变现方式和变现数额，然后汇总所有的项目，模拟出整个基金的现金流，再以符合预期的 IRR 折现计算得出交易价格。

比如，表 4-8 是一个较为失败的 S 基金份额，大部分项目需要通过回购或者并购退出。

表 4-8　S 基金未来现金流测算

单位：万元

项目名称	首次投资时间	总计投资金额	当前估值	退出方式	2023 年	2024 年	2025 年	2026 年
项目 1	2021 年 2 月	3000	3000.00	回购	1000.00	2000.00		
项目 2	2020 年 9 月	4000	7000.00	IPO		5000.00	6000.00	

续表

项目名称	首次投资时间	总计投资金额	当前估值	退出方式	2023年	2024年	2025年	2026年
项目3	2021年1月	2000	2000.00	并购				
项目4	2021年5月	5000	5000.00	回购		5000.00		
项目5	2021年3月	1000	2000.00	并购	2000.00			
项目6	2021年4月	3000	3000.00	并购		4000.00		
项目7	2021年3月	6000	6000.00	回购	2000.00	2000.00	2000.00	1000.00
项目8	2021年10月	5000	5000.00	回购		2000.00	5000.00	
项目9	2021年12月	8000		失败				
项目10	2021年8月	5000		失败				
合计		42000.00	33000.00		5000	20000	13000	1000

如果以目标IRR为20%折现，那么该基金可接受的交易价格约为2.49亿元，约能回收投资成本的59.28%。

第五章　投后管理部门的组建

如果你是一位投后管理部门负责人或者投资机构的分管合伙人（分管高管），则不仅需要了解投后管理的具体业务，还需要了解如何组建一个投后管理部门。

组建一个部门的逻辑和步骤是：首先，明确这个部门的主要职责是什么。其次，根据这个职责，确定需要找什么样的人来做。再次，需要制定一系列的规章制度，让整个部门规范高效地运转起来。最后，也是最重要的，需要制定合理的激励制度，让部门中的人员工作积极性按照公司的预期驱动起来。如图5-1所示。

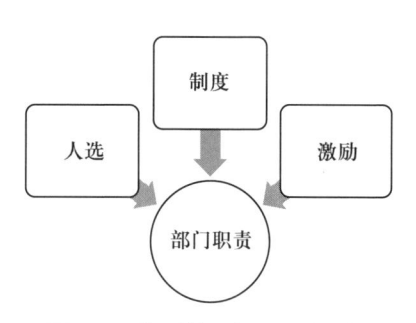

图5-1　投后管理部门组建逻辑

在不同的投资机构里，投后管理部门的主要职责是不同的，本书第一章已经探讨了这个问题。部门职责不同，意味着部门的人员建制、规章制度和考核激励各有差异，但基本原则大多数是通用的。本书给出一些最常见的投后管理部门的组建原则。

一、人员建制

只有一定规模的投资机构才需要专职的投后管理人员，所以，市场上投后管理方面的职业经理人并不多，资深的更少。招聘网站上对于投后管理人员的要求比较多元化，从对人选的要求可以大致看出该公司投后管理部门的主要定位。有时候笔者看到一些招聘网站写的要求，就知道是一些对于行业不太了解的 HR 或者刚入行的猎头写的，因为他们想找的人在市场上根本不存在。

如果要寻找的人选是投后管理部门的负责人，很显然他/她有投后管理的经验很重要。因为部门负责人不仅需要知其然，还需要知其所以然。只有亲自操作过这些事，才能完整地理解这些事情背后的逻辑。"纸上得来终觉浅，绝知此事要躬行。"同时，笔者觉得一个在不同风格的投资机构里做过投后管理的人选，对于投后管理的理解可能更深入，当然也要看他本人的悟性。笔者跟很多从事投后管理的人员聊过天，有一些很优秀的投后管理人员，他们在某一家机构里做得很好，但到了另一家机构里，就很难适应。据笔者观察，主要的症结是，他总是套用上一家机构的经验而看待这一家机构的问题，结果当然不会好。本书在第一章就已经探讨了，投后策略与投资策略是协调统一的，不同的机构有不同的策略，不能生搬硬套。看问题时要站得高一些，才能知道为什么要这样做，为什么不那样做。作为投后管理的部门负责人，需要深刻理解投资机构的募资策略、投资策略和投后策略，只有这样才能完整地理解投后管理部门的主要职责和具体工作。

整个投后管理部门建制的成败，取决于投后管理部门负责人是不是合适的人选。

针对一般投后管理人员的专业技能和人员画像，本书做一些探讨。

（一）专业技能

投后管理人员需要掌握投资分析的技术。前文的分析表明，投后管理的很多决策需要套用投资分析框架做出。市场上很多人的印象是，投后管理人员不用懂投资，这是片面的，如果不懂投资，那他不太可能成为优秀的投后管理人员。但这并不意味着我们一定要寻找投资熟手做投后管理，我们可以寻找有财务基础的、法律基础的或者投行基础的人选，他们完全可以在短时间内掌握投资分析的技术。最重要的并不是他知道多少，而是他是否愿意去学，是否能很快地学会，或者，即使不能很快地学会，也愿意长期地坚持，也许这一点更可贵。

（1）**投后管理人员需要有一定的财务分析基础**。实际上投资分析的底层知识大部分是财务知识。

（2）**投后管理人员需要有一定的法务基础**。我们前面的分析表明，投后管理中会涉及大量的法务问题，尤其是诉讼问题。在投后管理部门，诉讼知识也许比非诉知识更重要。

（3）**投后管理人员需要有一定的投行知识**。在给被投企业赋能和退出的过程中，投行知识是必不可少的。

当然，我们在寻找一个投后管理人员的时候，肯定不可能要求一个候选人已经具备了以上所有的知识。他/她只需要具备一些知识，并且遇到问题愿意主动去学习即可。提前储备的知识不一定有用，在解决问题中学习才是最有效的。

投后管理要求具备很高的综合能力。在过往的面试中，与专业技能比起来，笔者更看重一个人的其他方面，比如他是否对投后管理真正地感兴趣，是否能够理解这份工作的意义和挑战，是否愿意长期从事这份工作，他的个人特质是否与这个岗位相匹配等。

（二）人员画像

在从事投后管理工作的过程中，经常要处理很多棘手的事情，经常遇到各种各样的新问题和新挑战，也经常面对失败和挫折，同时长期高强度的工作也会导致心理紧张。这需要投后管理人员要有高效执行的工作风格、坚定而理性的处事方式、超强的自我驱动精神、过硬的心理素质和高度职业化的工作风格。如图5-2所示。

二、规章制度

投后管理本质上是一种管理工作。管理工作需要制定一系列的规章制度，用制度管人，而不是人管人。当然，制度不是越细越全越多越好，管理强度必须要与业务发展相适应，管理是为业务配套的，不能限制业务的发展。业务发

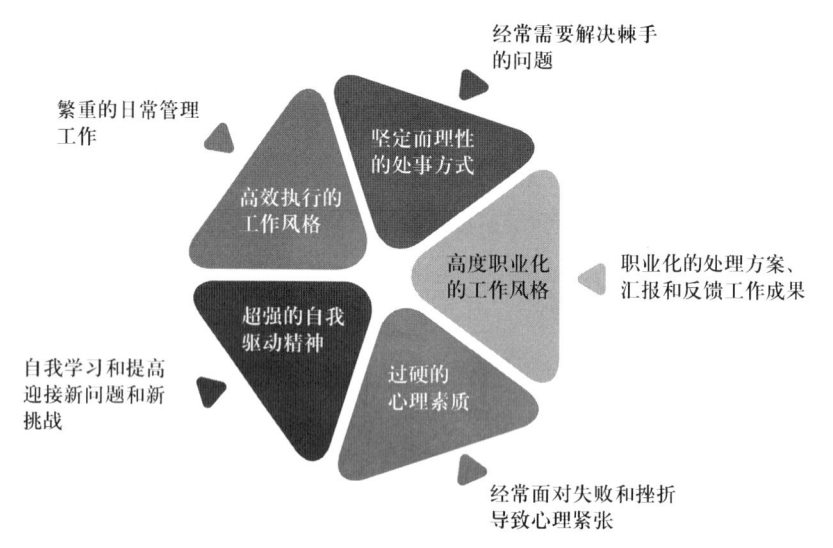

图 5-2　投后管理人员画像

展初期，管理强度一定要低，业务规模上去了，人员增加了，管理强度要相应地跟上，否则容易出问题。

投后管理涉及的事情千头万绪，需要有一定的制度、指引和规范，以便业务更好更快地开展。在讨论投后管理制度前，我们先讨论一下规章制度制定的逻辑结构。这部分内容很有必要。笔者发现，市场上很多机构的制度做得不太好，大家也不当回事。好像制度就是这个样子，写出来放在那里就行了。很多人的印象中，制度是一种负担，是影响业务发展的。实际上，这种认识是片面的，制度确实有它的约束性，这是显而易见的，但制度也是一种生产力，那些认真思考过的人都会发现，严谨的制度能够降低沟通成本，简化人际关系，提高决策效率，降低决策失误率。

（一）规章制度的逻辑结构

制度从业务中来。制定制度的时候，我们需要先对一项业务进行穿行测试，在穿行的时候，识别管理动作，然后匹配业务制度就可以。如图 5-3 所示。

比如，我们对一个回购的决策和执行流程进行穿行，如图 5-4 所示。

经过穿行，我们可以识别出管理动作，也即第一，我们需要规定，什么情

第五章 投后管理部门的组建

业务穿行测试 → 识别管理动作 → 匹配管理制度

图 5-3 规章制度制定的步骤和逻辑

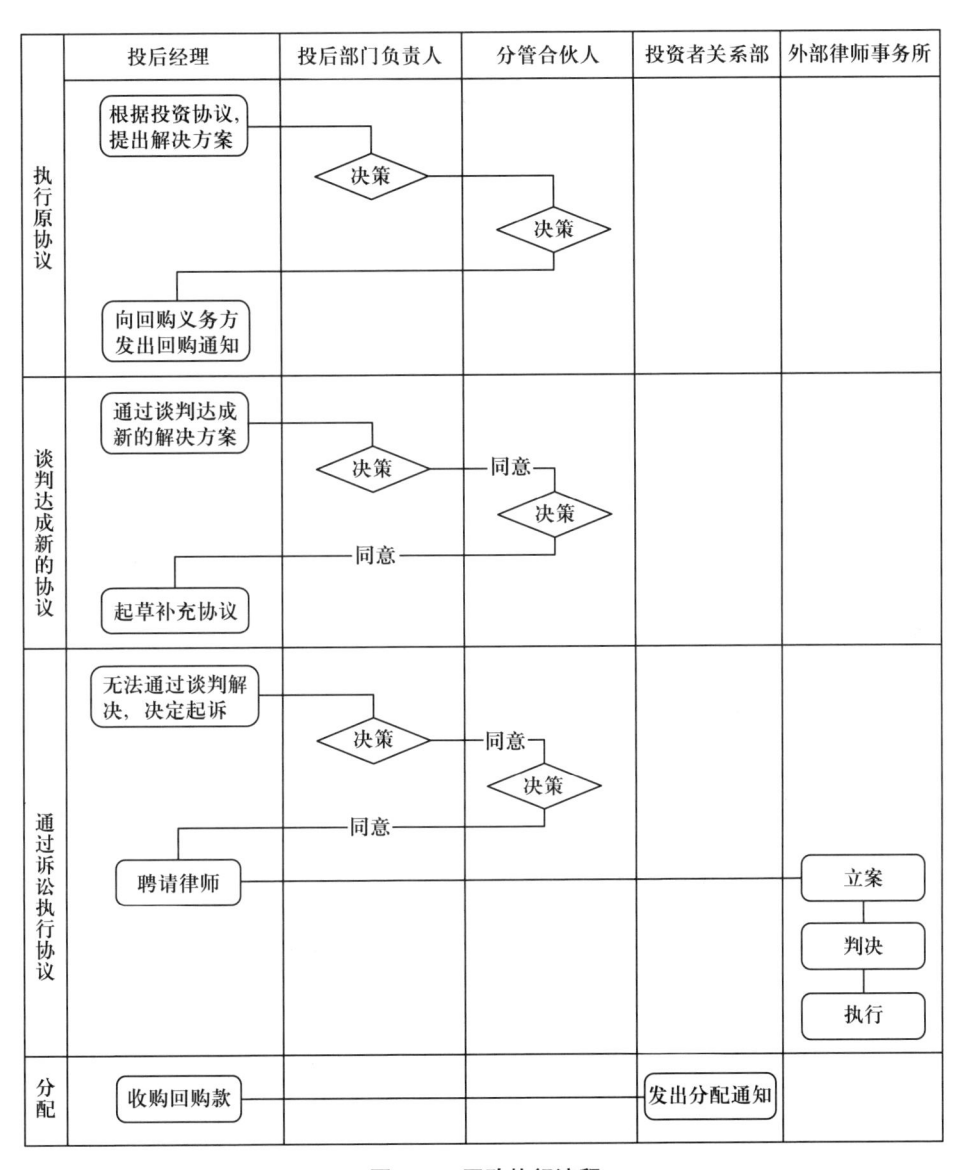

	投后经理	投后部门负责人	分管合伙人	投资者关系部	外部律师事务所
执行原协议	根据投资协议，提出解决方案 / 向回购义务方发出回购通知	决策	决策		
谈判达成新的协议	通过谈判达成新的解决方案 / 起草补充协议	决策 — 同意	同意 — 决策		
通过诉讼执行协议	无法通过谈判解决，决定起诉 / 聘请律师	决策 — 同意	同意 — 决策		立案 / 判决 / 执行
分配	收购回购款			发出分配通知	

图 5-4 回购执行流程

况下，什么部门做什么任务；第二，什么情况下需要汇报决策层进行决策方可执行。然后我们按照穿行的顺序把制度写下来就可以了。

在起草制度的时候，需要按照制度的分级进行起草。制度的分级逻辑如表 5-1 所示。

表 5-1 制度的分级

制度分级	定义	制度载体	主要内容	制度强制力	制定权限	签发人	修订周期
一级	公司层面的文件 决定公司总体运作模式 决定公司文化、底色、基调	投资管理办法 投后管理办法 考核激励制度	【原则性】主要规定该类业务的负责部门、工作基本原则、决策权限、总体流转流程等	刚性（不得违反）；宪法性（其他规则不得与其冲突）	公司各部门协商，报管理合伙人决策通过	管理合伙人	需要时
二级	部门层面的工作制度 规范公司业务操作 决定公司战术	投资分析工作指引 投后管理工作指引	【实操性】规定各类相关业务的工作指导原则、细化流程和对应的模板文件	有一定弹性	部门内部制定，报备管理合伙人	部门负责人	一季度
三级	部门层面的操作模板 工作结果呈现业务的标准化	各类模板文件（合同、表单）	【参考性】各类业务需要的标准文件、参考模板	弹性比较大	部门内部制定，报备管理合伙人	部门负责人	一季度

（二）投后管理常见的规章制度

如上文所述，投后管理的制度可以分为管理办法、工作指引和模板文件。在不同的机构里，这些文件的名称可能各不相同，但制度的分级逻辑应该是大致相同的。

我们在附录六（投后管理办法）列出了一个相对完整的投后管理一级制度，在项目交接、定期跟踪、项目分级管理、项目复盘、重大事项决策、涉诉事项、项目退出等各个方面做了规定。

这是投后管理工作总的纲领，我们可以根据这个纲领，制定相应的指引和模板。比如，前文回购执行流程的例子，是操作指引层面的文件，规定了详细的操作步骤，属于二级制度。我们可以在工作中不断总结，制定出复盘的指引、项目分级的指引、诉讼的指引等。这些指引的形式可以是多样的，实际上有很多投资机构都有相应的学习和总结机制，有的是备忘录形式，有的是论坛集锦的形式，有的是知识条汇总的形式，只要符合投资机构工作习惯就可以。

根据这份纲领，我们还需要制定相应的模板，文中有下划线的词条，都需要制定模板。图5-5中，通过梳理投后管理制度，梳理出需要制定的模板文件，比如项目交接清单、项目数据库、拜访纪要/访谈纪要、复盘报告等模板文件。实际上，一个投资机构真正的管理动作都藏在这些模板里。

三、考核激励

（一）投后管理的 KPI 和 KPA

KPI取决于投后管理部门职责，承担什么样的职责，就要完成什么样的KPI。也有一些投资机构不再实行KPI，而是推行OKR，也是一种不错的尝试。无论如何，都是为了调动工作积极性，只要能达到管理效果，不同的管理手段都是可以尝试的。

笔者经常把投后管理的工作分为事务性工作和业务性工作。事务性工作是日常管理的工作，比如信息收集、复盘报告、参加"三会"以及与被投企业日常的沟通往来等。业务性工作就是价值创造、价值调整和价值实现的工作，当然这些工作中有一些也没有什么难度，只是配合提供一些资料而已，比如IPO申报过程中协助提供基金工商资料等，像这类工作属于事务性工作。事务性工

投后管理制度

- 项目交接：包括交集资料清单、电子资料交付、纸质资料存档
- 投后建立Excel项目库，实现项目数据的结构化，便于随时输出各种报表，配合融资部门、财务部门和基金运营部门开展工作
- 投后建立定期拜访或者电话访谈项目的机制（至少一季度拜访一次或者电话访谈一次），并形成纪要
- 投后定期复盘制度（季度采用书面形式复盘、半年度和年度可采用会议形式）
- 投后项目分级制度
- 投后重大事项决策制度
- 项目减持

对应的模板文件

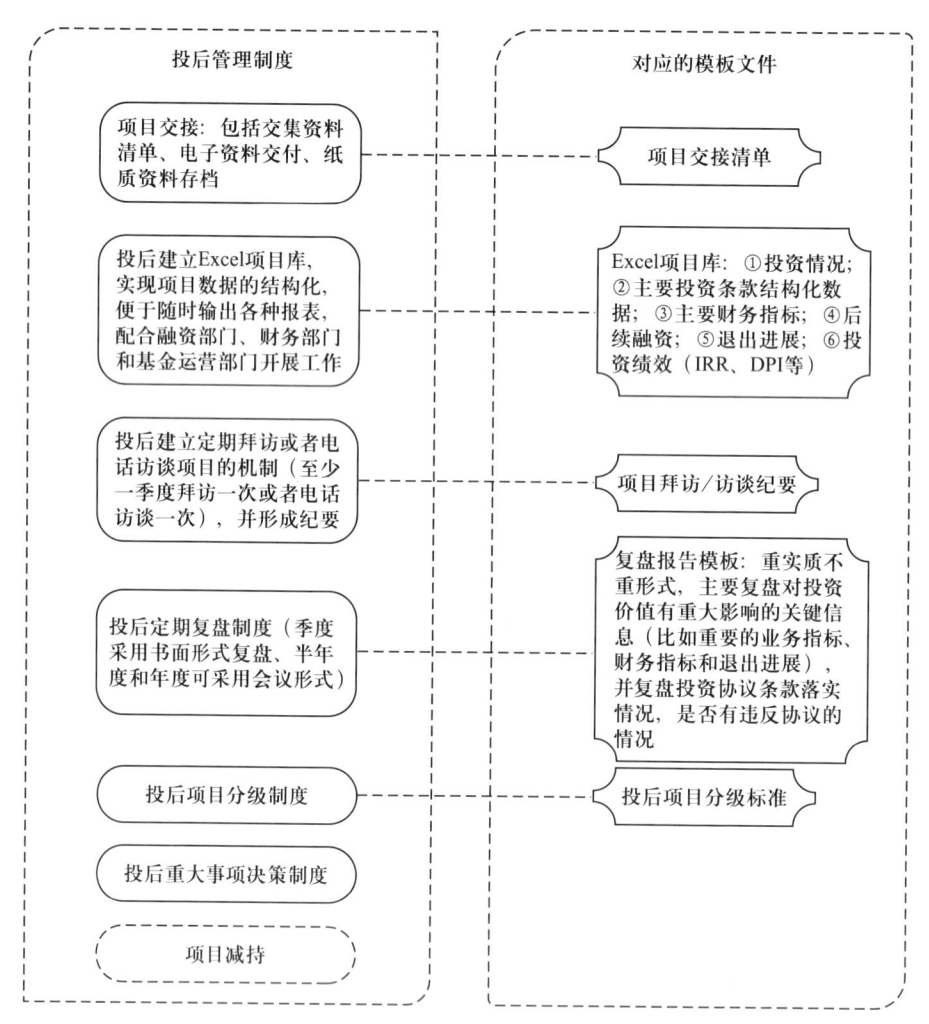

- 项目交接清单
- Excel项目库：①投资情况；②主要投资条款结构化数据；③主要财务指标；④后续融资；⑤退出进展；⑥投资绩效（IRR、DPI等）
- 项目拜访/访谈纪要
- 复盘报告模板：重实质不重形式，主要复盘对投资价值有重大影响的关键信息（比如重要的业务指标、财务指标和退出进展），并复盘投资协议条款落实情况，是否有违反协议的情况
- 投后项目分级标准

图5-5　一级文件（管理制度）与三级文件（模板文件）的相互对应

作不需要确定KPI。KPI主要是针对业务性工作的，比如投后赋能、对赌执行、破产重整以及并购退出等工作，这类工作是可以给公司创造利润的。

另外，对于投后管理部门负责人来说，公司也可以对其关键绩效行动（Key Performance Affair，KPA）做出评价和考核。KPA制定应符合SMART原则（S=Specific具体可识别、M=Measurable明确可测量、A=Attainable务实可达成、R=Relevant与部门职责相关、T=Time-bound有时限）。只有符合SMART原则的KPA任务，才能进行评估，也才有考核的意义。如果把一个笼统的要

求,比如做好投后管理中的风险把控,作为 KPA,那么,被考核人需要做什么,做多少,做到什么程度,这些问题都是不明确的,也就没有办法去执行,进而也不可能去考核。如果我们把这个任务按照 SMART 的原则进行梳理,会变成:在年底前,完成所有被投项目的风险分级指标体系的建立和风险敏感度分析,对于风险项目拿出风险处置方案或者资产处置方案,并开始实施这些方案,力求达成 5 亿元的处置回款。这样描述之后,任务就很明确了,可执行,可验收,可考核,也可激励。

(二)激励措施

激励与 KPI 直接相关。我们仅讨论针对投后部门的激励方案,投资机构的激励制度非常多,也很复杂,但大部分的激励制度是公司层面的,或者是前台业务部门的,不是专门针对投后的。

针对投后管理,市场上常见的有三种激励方式:第一种是非线性激励;第二种是分级奖金包;第三种是固浮比。

1. 非线性激励

确定一个"及格线"的 KPI,完成这个及格线,不奖不罚;超过及格线越多,奖金上升得越快。如图 5-6 所示。

非线性激励有一定的合理性。其原理是基本工资覆盖了及格线的 KPI,超出及格线越多的 KPI,越难完成,越应该给予较大的激励。

但非线性激励也有不合理的地方,即激励是完全定量的,需要精确的业绩认定才可以,但实践中工作成果又是很复杂的,不是标准化的,所以,根据生硬的标准计算出的奖金直觉上觉得不合理,还需要再进行人为调整。

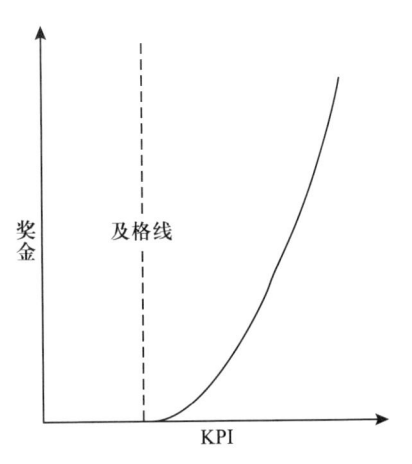

图 5-6 非线性激励的奖金曲线

2. 分级奖金包

采用定量和定性相结合的方式，由绩效委员会或者类似的机构认定 KPI 完成的情况，在认定时不会生硬地套公式，而是综合考虑任务的难度和完成的质量等各方面因素，最终给出一个评级。然后按照评级，对应一个奖金包。如图 5-7 所示。

分级奖金包的业绩认定相对合理，激励也能体现出差异化，能起到激励效果。

3. 固浮比

确定一个目标年薪，每月固定发放一部分（比如 70%），其余部分（30%）根据年终的业绩表现再一次性发放。一般来说，只要业绩达到一定标准，就应该发放浮动部分。固浮比比较适合中后台部门，是一种弱激励、强预期的薪酬模式，有利于员工的稳定。

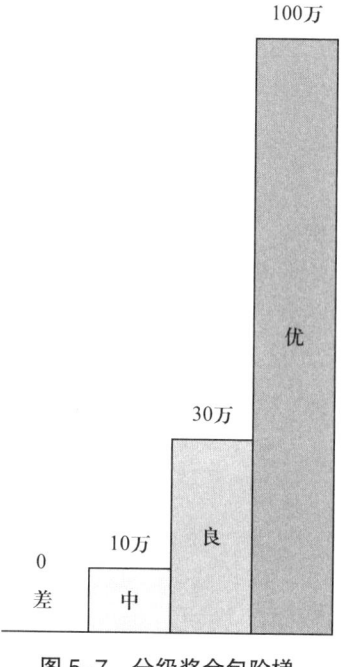

图 5-7　分级奖金包阶梯

这些激励方式都各有利弊，要根据投资机构的业绩目标、历史沿袭、人员特点和管理风格，选择合适的激励方式。

第六章　投后管理的重要专项问题

一、投后管理中的谈判技巧

（一）商务谈判非真理之辩，是价值之争

在谈论技巧之前，我们先讨论一个理念层面的问题。

> 设想你是某投资机构的投后经理，需要就对赌条款与被投企业董事长协商解决方案，但你总觉得谈判过程中力不从心，于是你想学习一下谈判能力，你会（　　）。
> A. 看大学生辩论会视频
> B. 看龙永图写的谈判心得
> C. 拜谈判高手为师求秘籍

如果你选择 A，说明你并没有仔细分析大学生辩论会和商务谈判的区别。大学生辩论会是真理维度的辩论，辩论的是真/假、对/错的问题，而**商务谈判并非真理维度的论战，属于价值维度的对抗**，争论的是有利还是有弊。也就是说，你与对方并不是在争谁对谁错，而是在争对我有利一些还是对你有利一些。真理维度辩论重在逻辑，没有妥协余地；价值维度的对抗重在制衡，必须要懂得妥协。

如果你选择 B，说明你的方向还是对的，但也需要模块化和要素化地去学

习，否则即使看完了这些书，也一定是浑浑噩噩，似懂非懂，好像学到点什么，但是又不知道怎么用。

如果你选择 C，说明你缺乏基本的逻辑思维能力，很容易被诱导和欺骗，你能进入优秀的投资机构纯属运气。

（二）商务谈判的基本逻辑

笔者曾经做过几次关于谈判的讲座，以下这些问题很多是大家提出来的。这些所谓的定律和推论也经过了很多谈判一线人员的讨论，甚至争论，最终大家基本达成一致。比较一致的看法是，谈判是一门妥协的艺术，不准备妥协就不用谈判，直接发函通知对方即可。谈判要讲筹码，这是本质问题，其他的都是技术问题。具体总结如下：

定律一，有妥协余地是谈判的前提。

推论一，如果一个问题已经没有妥协余地，就没有谈判的必要了。

推论二，如果一个问题已经退让到底线了，还没有达成一致，极有可能谈不成了。

定律二，谈判技巧只能保证你用尽你的筹码，能拿到多少有利条件最终要看你有多少筹码，而不是谈判技巧。

推论一，运用谈判技巧可以保证你不丢掉不应该丢掉的东西。

推论二，凭实力拿不到的有利条件，光凭谈判技巧照样拿不到。

定律三，谈判人员的最终目的不是"为公司争取最大利益"，而是"通过谈判达成一致"。

推论一，为公司争取最大利益有"合规""公司决策层"的责任。

推论二，这不代表你要出卖公司利益，而是要让公司内部认识到，能拿到的有利条件取决于公司的筹码，而不是谈判人员的职业操守。

推论三，职业操守只能保证不丢掉应该拿到的利益。

定律四，谈判要基于理性和商业逻辑，而不是情绪。

推论一，谈判人员需要管理自己的情绪，也需要管理公司决策层的情绪，同时要管理谈判对手的情绪，让各方回到理性的轨道讨论。

推论二，如果谈判对手陷入非理性的感情宣泄，要中止一段时间，并寻求中间人撮合。

定律五，商业谈判的成果是价值导向的，并非真理导向的，所以，无论结果如何，没有对错，只有利弊。

推论，不必在道德层面批评一个谈判成果。

（三）商务谈判的模块化技巧

尽管谈判技巧只是技术问题，但没有掌握技术，谈策略也是空谈。我们可以从一个案例中总结谈判需要用到的技巧。

> 假设，你是某投资机构的投后经理，现在需要与被投企业董事长就更改交易架构进行谈判。经过多轮谈判，你向被投企业董秘发去了修改后的《投资协议》，希望董秘向董事长汇报，并希望能够接受你的投资条款尽快签约。后接到董秘电话：我已汇报董事长，董事长很生气，不能接受你的第五条。你转头向公司领导汇报，你会采用以下哪种方式汇报（　　）
>
> Bill：老板，对方董事长很生气，不能接受我们的第五条；
>
> Lucas：老板，对方董事长很生气，不能接受我们的第五条，建议去掉第五条，否则就不能投资了；
>
> Michelle：老板，对方董事长很生气，不能接受我们的第五条，建议去掉第五条，因为还有第八条对对方的限制，所以风险可控，可以按此方案签约；
>
> Ross：老板，对方不能接受我方第五条，据说董事长很生气，我评估很难再谈下去，建议去掉第五条，因为还有第八条对对方的限制，所以风险可控，可以按此方案签约。
>
> 分析一下：
>
> 很显然 Bill 的汇报不好，他只是一个传声筒；

Lucas 的汇报有一点进步，至少他不仅传达了对方的态度，而且还提出了一个方案，那就是"去掉第五条"；

Michelle 的汇报更好一点，因为她还对方案"去掉第五条"进行了评估，认为风险可控，所以建议按此签约。

当然最好的是 Ross，首先他传递了对方的信息，而且他还对对方的信息进行了分析。比如董事长很生气这个信息，实际上你是无法确认是真是假的，因为你并没有在现场，所以 Ross 说"据说董事长很生气"，有可能董事长确实生气了，也有可能董事长只是对董秘说："你就说我很生气，不用继续谈了。"所以，生气也许是事实，也许只是一个策略。但是，反过来想，实际生气与否并不重要，重要的是对方为什么传达生气这个信息，他们的主要目的是传达态度，那就是不准备再谈了，进而给你施加压力。基于此，Ross 说"我评估很难再谈下去"，然后说了调整后的方案（"去掉第五条"）和对于方案的评估（"还有第八条，风险可控"），并说了自己的意见（"建议按此签约"）。

我们提炼一下，在此场景下，谈判需要的能力可以模块化、要素化为**"信息收集、信息处理、提出方案、方案评估、懂得妥协、汇报得体"**这几个能力。要对照 Ross，看看自己的差距，刻意训练提高，才能见效。所以，如果我们不能对一些抽象技能进行模块化、要素化，则看再多的书也不得要领，能力也很难提升。

另外，在谈判过程中画出谈判矩阵也是很有用的办法，一是有利于寻找最优的谈判方案，二是有利于决策层尽快地决策。比如，下面的谈判矩阵就能清晰地分析出各种方案的优劣势。如表 6-1 所示。

表 6-1 谈判矩阵

方案	我方	对方	谈判策略
方案一 对方退出，我方全资控股	最劣：不会经营	最优：套现离场	我方力压价格，可以接受谈崩

续表

方案	我方	对方	谈判策略
方案二 我方退出，对方全资控股	次优：担心对方偿付能力	次优：需要偿债	最有可能达成一致的方案，关注付款方案
方案三 执行对赌，对方补偿股权，我方降低估值	最优：暂不计提损失，财务上好看	最劣：股权比例降低，以后年度的对赌义务仍在	我方怕谈崩，对方想谈崩，对赌条款需要妥协

二、投后管理中的诉讼问题

（一）投后可能发生诉讼的情况

1. 股东知情权诉讼

在一些特殊的情况下，被投企业不愿意向投资机构披露信息，原因可能是担心披露后触发对赌或者回购条款，或者是因为被投企业与投资机构之间失去信任，如果被投企业又存在财务或者税务不规范的地方，会担心投资机构举报相关部门。虽然这些事情并不常见，但总是会发生。

如果投资机构长时间拿不到企业的业务和财务资料，则投资机构就不可能对企业进行复盘，同时也没有办法向有限合伙人（LP）提交基金报告，在与被投企业协商无果的情况下，可以考虑提起诉讼，诉请法院支持股东知情权，并判令被投企业限期提供资料。

股东知情权是法定的，且举证责任在被投企业方，一般情况下，投资机构都能胜诉。

2. 违反投资协议引起的诉讼

被投企业或者实际控制人、主要股东等违反投资协议的情况也很常见，一般是触发了对赌条款或者回购条款，义务方没有按期履行义务，无论是没有意愿履行还是没有能力履行，都属于违反协议。

在双方协商无果的情况下，投资机构可以提起诉讼或者仲裁（须事先约定）。大多数投资协议对相关事务都是约定得很清楚的，投资机构一般都能取得胜诉判决。这件事情的难点并不是判决，而是执行，如果义务方没有执行能力，即使拿到胜诉判决，也很难执行。

不过在很多情况下，义务方是有执行能力的，但没有执行意愿，可以利用司法程序对其财产进行诉前保全和强制执行，也可以利用司法程序向其施压，督促其主动履行义务。

3. 股东代表诉讼

股东代表诉讼，一般指当公司怠于通过诉讼追究公司机关成员责任或实现其他权利时，由具备法定资格的股东为了维护公司利益，并出于追究这些成员责任或实现这些权利之目的，依据法定程序代表公司提起的诉讼。为了确保董事、监事、高级管理人员违反上述义务后得到追究，更有力地保护公司和股东的利益，我国新《公司法》借鉴了其他国家的立法经验，确立了股东代表诉讼制度。

按照法定程序，在提起股东代表诉讼前，还需要先履行前置程序。股东代表诉讼的前置程序也称竭尽公司内部救济原则，指股东在提起诉讼前，必须向公司董事会、监事会或监察人提出请求令公司提起直接诉讼，只有在董事会、监事会或监察人接到该请求，经过一定期间而未提起诉讼的情况下，股东才有权提起代表诉讼。

市场上比较常见的一种现象是，大股东利用其控股地位，通过关联方借款的方式侵占公司财产。这种情况下，投资机构可以代表公司向大股东的关联方提起诉讼，要求其归还借款。

4. 撤销股东会决议和董事会决议之诉

（1）股东会决议的撤销之诉。

适格原告：股东会决议撤销权之诉的适格原告为公司股东。

撤销之诉的被告：一般以公司为被告，其他股东为第三人。

撤销的依据：股东会会议的召集程序、表决方式违反法律、行政法规或者公司章程，或者股东会决议的内容违反公司章程的，股东可以请求人民法院撤销。

撤销权之诉提起诉讼期间：公司法规定，股东可以自决议作出之日起六十日内，请求人民法院撤销。此六十日的期间不存在中断或中止。并且从决议作出之日起计算，逾期不提起，该决议即为有效。

撤销的法律后果：被撤销的股东会决议自始无效。公司根据股东会或者股东大会、董事会决议已办理变更登记的，人民法院撤销该决议后，公司应向公司登记机关申请撤销变更登记。但法律为了维护交易安全，民事行为的撤销不得对抗善意第三人。

（2）董事会决议的撤销之诉。

适格原告：《公司法》第22条第2款规定：股东会或者股东大会、董事会的会议召集程序、表决方式违反法律、行政法规或者公司章程，或者决议内容违反公司章程的，股东可以自决议作出之日起六十日内，请求人民法院撤销。依此规定，有权提起撤销董事会决议诉讼主体仅限于公司的股东。公司的董事、监事均无权起诉要求撤销董事会决议。

撤销之诉的被告：一般以公司为被告，其他股东、董事为第三人。

撤销的依据：董事会决议有可撤销的法定事由。第一，召集程序方面存在瑕疵：仅召集了部分董事；董事会召集通知中未载明召集事由、议题和议案概要；召集人无权召集；会议通知期限和方式违法；故意选择在出席困难的地点或时间召开董事会等。第二，表决程序存在瑕疵：出席不足法定人数；决议方式违法；依法应回避决议的董事直接行使表决权或代理其他董事行使表决权等。第三，内容违反公司章程规定：如公司章程中约定按照股权比例分配股利，但决议中按照自然人股东在公司职务分配股利。

撤销的法律后果：撤销董事会决议的效力不仅应当及于原告股东与公司之间，而且原则上及于当事人之外的所有人，此即撤销决议判决的对世效力。撤销判决的效力应当溯及于决议作出之时，当被撤销的决议仅涉及公司内部关系时尤为如此。董事、监事选任决议，股利分配决议，董事、监事报酬决议等均属此列。但法律为了维护交易安全，民事行为的撤销不得对抗善意第三人。

（二）投后管理人员需要关注的诉讼问题

诉讼涉及的问题很多，笔者经验有限，仅列举几个供读者参考。在工作过程中，每个投后管理人员都需要多注意总结和积累。

1. 函件的送达问题

这里不讨论司法机关的送达问题，仅讨论民事主体往来函件的送达问题。

投后管理人员经常会向被投企业发出回购通知、发出沟通函或者发出律师函等文件，在司法程序中，这些文件是否送达对方是一个重要的问题。前文已经提到，回购通知是否送达对方直接关系到回购权利是否灭失，需要引起重视。

民事主体之间往来函件的送达一般有：直接送达、邮寄送达和公告送达。直接送达指函件书面交付受送达人或者代理人，并由其负责人在函件上签名或者盖章的送达方式。邮寄送达通常在直接送达存在困难的情况下，如受送达人不接收此函或拒绝签收的情况，邮寄送达最好使用中国邮政的"特快专递"（EMS）向对方发出，如果能够把邮寄过程进行公证的话，其效力是很高的。公告送达是在直接送达和邮寄送达都无法实现的情况下，通过在报纸或网络媒体刊登相关函件内容的方式告知受送达人的送达方式。

实践中大多数采用公证邮寄送达方式，一般这种送达方式都能得到法院和仲裁庭的采信及确认。

2. 对赌和回购义务的主体问题

理论上，投资机构可以与目标公司大股东、实际控制人、管理层签订对赌和回购协议，也可以与目标公司签订对赌和回购协议，但实践中与目标公司签订对赌和回购协议存在争议，所以近几年大部分的投资协议都不会把目标公司作为对赌和回购的义务方，但不能排除可能还有一些投资案例中存在目标公司作为对赌和回购的义务方这种情况。

（1）投资机构与目标公司股东、实际控制人、管理层签订的对赌协议，受《民法典》调整，一般不会受到《公司法》的规范。对于投资机构与目标公司的股东、实际控制人或管理层签订的对赌或回购协议，如无其他无效事由，认定有效并支持实际履行,实践中并无争议。目标公司股东、实际控制人、管理层作为对赌主体,可以直接履行对赌协议约定的义务。目标公司股东、实际控制人、管理层作为对赌主体与投资机构签订对赌协议,在对赌失败时,无论是购买投资机构所持有的目标公司股权,还是给予投资机构金钱补偿、股份补偿,因为不涉及公司债权人的利益,按照对赌协议约定履行即可,即不需要公司内部决议程序,也不需要减少注册资本,对赌协议的履行在法律上没有什么障碍。

(2)投资机构与目标公司签订的对赌或回购协议,既受到《民法典》的调整,也受到《公司法》的约束。投资机构与目标公司签订的对赌协议是否有效以及能否实际履行,实务中争议很大。针对此争议问题,最高人民法院在2019年9月11日发布的《九民会议纪要》中,第5条明确规定,投资机构与目标公司订立的对赌协议在不存在法定无效事由的情况下,目标公司仅以存在股权回购或者金钱补偿约定为由,主张对赌协议无效的,人民法院不予支持。

如果投资机构主张有效,并要求实际履行的,可按照以下原则处理:

投资机构请求目标公司回购股权的,依照《九民会议纪要》第5条第2款,人民法院要审查是否符合《公司法》第35条关于"股东不得抽逃出资"的规定或第142条关于股份回购的强制性规定,判决是否支持其诉讼请求。如果目标公司未完成减资程序,人民法院应当驳回其诉讼请求。

(3)投资机构要想目标公司回购其股权,只能通过上述第142条第(一)项"减少公司注册资本"这一情形,而且目标公司还要按照规定先履行减资程序保护债权人利益后才可以回购。并且,减资程序是否履行是以目标公司为主导的,投资机构很难左右,否则就不会出现诉讼了。因此,司法实践中如何适用以上《九民会议纪要》的规定,要结合具体案例确定。

(4)投资机构请求目标公司履行对赌义务的,依照《九民会议纪要》第5条第3款,人民法院应当依据《公司法》第35条关于"股东不得抽逃出资"和第166条关于利润分配的强制性规定进行审查。经审查,目标公司没有利润或者虽有利润但不足以补偿投资机构的，人民法院应驳回或者部分支持其诉讼请求。人民法院依照《公司法》第 166 条的规定，审查目标公司的可分配利润数额，根据目标公司可分配利润数额与投资机构请求金钱补偿金额的关系作出判决。今后目标公司有利润时，投资机构还可以依据该事实另行提起诉讼。

值得注意的是，对于投资机构而言，《九民会议纪要》规定的适用会有一个现实的困难，就是投资机构应该承担举证责任，证明目标公司有可以分配的利润。

（三）代理律所的选择

律所选择可以采用单个项目招投标的方式，也可以与建立信任关系的一两家律所签订长期的合作协议，所有的法律事务都委托长期合作的律所。

这两种方式各有利弊。根据笔者的经验，如果采用招投标的方式，基本上都是价低者得，因为邀请投标的律所都不会很差，招投标评审现场很难从专业上看出明显差异，最后只能比较价格了，这样可能会造成劣币驱逐良币。与一两家律所建立长期合作关系，从专业程度上、信任程度上、配合程度上看，会比招投标的律所更好，但可能成本会比较高。

在国资背景的投资机构里，因为机制约束，大多数采用招投标的方式。据笔者了解，外资和民资的投资机构，基本都是与一两家律所长期合作的。

律师事务所的遴选标准应综合考虑，可以考虑以下几个方面：

（1）案件类型。是否有代理相关案件的专业能力和办案经验是选择律师事务所和律师的重要考量标准。

（2）案件标的。分为财产性标的、权益性标的、执行性标的。

（3）诉讼地点。根据案件管辖地不同分为地方性和全国性案件。

（4）司法资源。代理律师是否与案件相关的审理机构有良好的沟通和人际关系。

（5）收费标准。关于法律服务费用，应至少选择符合标准的几家律师事务所进行比价。

（6）合作情况。过往合作的律师事务所及律师提供代理服务的表现、专业能力、成功案例是重要的考察标准。

（四）民事诉讼程序时间节点

在诉讼过程中，在具体的诉讼细节上，投后管理人员要尊重外部律师的意见。投后管理人员需要做的是对诉讼进度进行管控，以便督促外部律师推进工作。这需要清楚诉讼程序的时间节点，诉讼程序的时间节点请见附录七（诉讼程序的时间节点），在使用该表时请关注是否有最新的法律规定。

三、投后管理中需要注意的《基金合伙协议》重要条款

投后管理人员应该熟悉《基金合伙协议》中的重要条款，一些条款与投后管理息息相关。

（一）基金期限问题

基金的期限指基金的投资期、退出期和延长期等。投后管理人员应清楚自己所管理的项目是由哪只基金投资的，这只基金的期限结构如何，以便安排项目的退出节奏。

以下是一个典型的关于基金期限的约定条款，其中约定基金期限为10年，其中投资期五年，退出期五年，普通合伙人（GP）可以独立决定延长两次，每次一年，2/3合伙人同意可以再延长一年，全体合伙人同意可以再延长一年。

> A. 合伙期限
>
> 合伙企业的初始合伙期限为十年，自合伙企业营业执照首次签发之日（"设立日"）起至第十个周年日的前一天止。合伙企业商事登记

的合伙期限可根据实际需要进行调整。合伙企业的经营期限为十年，自首次交割日起至第十个自然年度（为本协议之目的，每个自然年度视为365天）届满的前一天止。根据本协议第××条，投资期和/或退出期延长的，合伙企业的经营期限相应延长。除根据前述规定延长外，如合伙企业所投资之目标基金的经营期限根据目标基金的有限合伙协议（"目标基金合伙协议"）延长的，合伙企业的经营期限应自动延长到与目标基金相同期限。

B. 投资期和管理及退出期

（B-1）自首次交割日起算的第五个自然年度届满的前一天止为投资期（"投资期"）。

（B-2）如下述情形之一发生，投资期提前终止：

（1）合伙企业的认缴出资总额已得到全部缴付且已为对外投资、支付合伙费用、偿还合伙企业债务等约定事项而实际使用或者已为支付合伙费用、偿还合伙企业债务、合伙企业按照目标基金合伙协议约定向目标基金缴付出资或其他款项而做出合理预留，普通合伙人可决定提前结束投资期；

（2）目标基金的投资期根据目标基金合伙协议约定提前终止；

（3）普通合伙人根据其届时独立判断认为适用法律或者经营环境发生重大变化而合伙企业无法正常开展投资经营活动而决定提前终止。

（B-3）投资期届满或者终止后，除为目标基金根据目标基金合伙协议约定完成投资活动外，未经普通合伙人决定并经合伙人会议同意，合伙企业不为进行其他投资业务而对目标基金出资。

（B-4）投资期届满或者终止后至合伙企业经营期限届满前的期间为管理及退出期（"退出期"）。在退出期内，普通合伙人应对合伙企业所投资目标基金权益进行管理，并及时将投资进行变现。普通合伙人可独立决定将经营期限延长两次，每次一个自然年度，普通合伙人及合计持有 2/3 以上实缴出资额的有限合伙人同意，可再延长一个自然年度，继续延长的，需经全体合伙人同意。除根据前述规定延长外，如合伙企业所投资之目标基金的投资期根据目标基金合伙协议约定延长的，合伙企业的投资期应自动延长到与目标基金相同期限。

（二）费用承担问题

在投后管理过程中，有时需要聘请会计师对某一投后项目进行审计，或者聘请律师对某一投后项目进行诉讼或者其他法律手段，这些费用一般约定由合伙企业承担，而不是由普通合伙人（GP）承担。以下是典型的基金合伙协议对合伙企业承担的费用所做的约定。

合伙企业将负担所有与合伙企业的设立、运营、解散及清算相关的费用，主要包括：

（1）管理费（但在目标基金中已由合伙企业承担的应相应豁免）。

（2）合伙企业之组建、设立、募集等相关的费用，包括筹建费用、法律、会计、税务等专业顾问咨询费用、备案、募集顾问费用、承销费用等相关费用。合伙企业承担上述费用的上限为壹佰万元（小写：¥1000000 元），超过部分由普通合伙人或者管理人最终承担，可由合伙企业先行垫付而后以管理费（如涉及）抵扣。上述费用由普通合伙人或其关联方/相关方垫付的，合伙企业在开立银行账户并收到合伙人缴纳的首期出资之日起十个工作日内或者普通合伙人认为适当的其他时间内予以报销。

（3）合伙企业应承担的设立、维护、清算、处置投资工具（但不包括替代投资工具和平行投资载体）的费用。

（4）所有因投资目标基金所产生的研究、调研、投资、持有、运营、出售等而发生的法律、审计、评估等相关费用，以及所有的差旅费、数据费等运营开支。

（5）合伙企业日常管理之需要所发生的法律、会计、审计、银行、税务、咨询、备案、变更、申报等相关费用。

（6）合伙企业之财务报告、投资报告及其他报告、信息披露相关的费用，包括制作、印刷和发送成本。

（7）合伙企业的合伙人会议差旅费及文件、报告准备费用。

（8）政府部门对合伙企业，或对合伙企业的收益或资产，或对合伙企业的交易或运作收取的各项税、费及其他费用。

（9）在符合本协议约定前提下，合伙企业所进行的举债及偿还的相关费用及为偿还上述债务而支付的利息、费用和其他支出。

（10）合伙企业财产的托管费用、募集专用账户监督费用及类似费用。

（11）合伙企业因诉讼、仲裁、政府调查及其他相关程序而产生的，或者根据适用企业会计准则列入营业外支出的其他费用、成本和支出。

（12）"免责保证"所约定合伙企业之责任补偿导致支出费用和为合伙企业和受偿人士而支付的保险费用。

（13）合伙企业的清算相关费用。

（14）其他未列入上述内容，且经普通合伙人善意合理判断与合伙企业的经营和活动有关的费用。

（三）基金份额转让问题

前文介绍过，可以通过 S 基金转让实现投后退出。因合伙企业是人合和资合兼有的组织形式，其人合的意味大于公司制，所以，在权益转让时会涉及普通合伙人的同意权、优先受让权，以及其他守约有限合伙人的优先受让权。所以，在对外转让 S 基金份额时，应关注基金合伙协议对于权益转让是如何约定的。

在以下的约定中，赋予了普通合伙人可以指定第三方受让基金份额，普通合伙人指定的第三方优先于其他有限合伙人，这一约定为 S 基金份额转让提供了便利。

> 有限合伙人合伙权益的转让
>
> （A-1）除非符合本协议的明确约定，任何有限合伙人不得以任何方式转让其在合伙企业当中的任何权益，包括但不限于缴付出资及接受分配的权利。
>
> （A-2）拟转让合伙权益的有限合伙人（"转让方"）申请转让其持有的全部或部分合伙权益的，应向普通合伙人提出书面申请，当下列条件全部满足时方为一项"有效申请"：
>
> （1）权益转让不会导致合伙企业或基金违反《合伙企业法》或其他有关法律、法规的规定，或由于转让导致合伙企业或基金的经营活动受到额外的限制；
>
> （2）权益转让不会导致对本协议的违反；
>
> （3）拟议中的受让方（"拟议受让方"）已向合伙企业作出第××条（有限合伙人的陈述和保证）项下的陈述和保证，且已向普通合伙人提交关于其同意受本协议约束、承继转让方相应义务的承诺函；

（4）权益转让不会导致有限合伙人在合伙企业中的认缴出资额低于2000万元；

（5）该等申请于拟转让日期之前至少40日送达普通合伙人；

（6）拟议受让方已提供普通合伙人认为适宜要求的其他文件、证件及信息；

（7）转让方及/或拟议受让方已书面承诺承担该次转让引起的合伙企业及普通合伙人所发生的所有费用（包括但不限于律师费用）。

若普通合伙人根据其独立判断认为拟议中的转让符合合伙企业的利益，则可决定放弃本第（A-2）条第（4）、第（5）、第（6）或第（7）项规定的条件，认可一项有关合伙权益转让的申请为"有效申请"。

（A-3）当一项有关合伙权益转让的申请成为有效申请时，普通合伙人有权并且应当独立作出同意或不同意的决定；但如果①有限合伙人向其关联方转让合伙权益并承诺对受让方的后续出资承担连带保证责任，②有限合伙人向现有守约有限合伙人转让合伙权益，或③有限合伙人为满足法律、法规及有权机关的监管规定的变化而不得不退出合伙企业，从而转让合伙权益，普通合伙人不应不合理的否决。在普通合伙人根据其独立判断认为本第（A-3）条第①、第②、第③项条件实质满足的情况下，普通合伙人亦可放弃对有限合伙人提交书面申请的要求，直接作出同意合伙权益转让的决定。

（A-4）对于普通合伙人同意转让的合伙权益（有限合伙人向关联方转让的情形除外），同等条件下普通合伙人有权自行或指定第三方第一顺序优先受让，转让方以外的其他守约合伙人有权第二顺序优先受让。如普通合伙人同意某一项转让合伙权益的有效申请并放弃优先受让权，应向全体有限合伙人发出书面通知，该等书面通知发出后三十日内其他守约合伙人有权经书面通知普通合伙人行使优先受让权，行使优先受让权的守约合伙人之间根据其实缴出资比例确定受让份额；上述三十日期限内守约合伙人未行使优先受让权的，转让方可向拟议受让方转让。

（四）基金咨询委员会

咨询委员会一般是为了防止关联交易和利益冲突的，与投后管理相关的是，如果向普通合伙人、管理人以及他们的股东、合伙人、董事、高级管理人员及其他关联方、合作伙伴投资者出售被投企业股权或者 S 基金份额，则涉及关联交易和利益冲突问题，需要关注基金合伙协议中对这部分内容的约定。在实际资产处置工作中，向关联方出售股权资产或者 S 基金份额是很常见的事情，作为投后管理人员，应特别关注基金的合规运营问题。以下是一个典型的基金咨询委员会的约定：

A. 在首次交割日后，本合伙企业将设置咨询委员会，由普通合伙人认可的有限合伙人提名的代表担任。咨询委员会的具体人数和人选可由普通合伙人根据其他有限合伙人出资情况进行安排和调整。普通合伙人应委派一名代表作为无投票权的咨询委员会成员和召集人。

B. 咨询委员会成员可以通过提前三十（30）日书面通知普通合伙人的方式辞职，并在委派其的有限合伙人成为违约合伙人或退伙的情况下自动去职。在此情况下，普通合伙人可安排其他代表接替去职委员。

C. 咨询委员会对下列事项有以下权力：

（C-1）审议批准以下涉及本合伙企业的利益冲突和关联交易事项：

（a）本合伙企业自普通合伙人、管理人以及他们的股东、合伙人、董事、高级管理人员及其他关联方、合作伙伴投资者购买投资项目，包括自上述实体购买其已持有的股权或类似权益，或认购上述实体的新增股份，或认缴上述实体的新增注册资本；

（b）本合伙企业向普通合伙人、管理人以及他们的股东、合伙人、董事、高级管理人员及其他关联方、合作伙伴投资者出售投资项目；

（c）本合伙企业投资普通合伙人、管理人以及他们的股东、合伙人、董事、高级管理人员及其他关联方、合作伙伴投资者已经投资的或其在本合伙企业设立前已管理且仍然存续的私募投资基金或集合投资载体已经投资的，且尚未实现退出的投资项目。

（C-2）提供普通合伙人寻求的、与本合伙企业投资及其他本合伙企业事项有关的建议和咨询。

（C-3）对其他本协议约定的应由咨询委员会决议的事项。

（五）收益分配问题

尽管基金分配的问题大多由投资机构的投资者关系部和财务部执行，但基金分配方案的制订却离不开投后管理部的工作，因为可分配金额来自被投企业的退出，所以投后管理部应进行收益和损失核算，并按照基金合伙协议约定计算分配方案。如果一个基金期限届满仍有项目未退出，则可能涉及清算和非现金分配，非现金分配会涉及权益过户和登记，也是投后管理人员需要关注的问题。一个典型的合伙企业会约定现金分配、非现金分配、普通合伙人和有限合伙人的收益分成即追补比例、回拨机制以及税费分担等事项。投后管理人员在制订分配方案时，应关注《基金合伙协议》关于分配的约定。以下是一个典型的分配机制。

A. 现金分配

（A-1）合伙企业的可分配现金，应在合伙企业收到相关款项后可行的最早时间进行分配。

（A-2）合伙企业因本合伙企业通过基金参与项目投资产生的可分配现金，首先应按照第××条约定在相关合伙人之间分配，其中按照普通合伙人的分配比例计算的部分分配给普通合伙人，其他每个有限合伙人按其分配比例计算的部分按照如下方式进行进一步分配：

（1）投资成本分配：分配给该有限合伙人，直至其累计获得的分配总额等于以下三者之和：该已变现项目投资的投资本金中按合伙人权益比例计算由该有限合伙人分担的金额，及此前合伙企业通过基金持有的未变现项目投资的经基金普通合伙人确认的投资本金损失中按合伙人权益比例计算由该有限合伙人承担的份额；该有限合伙人实缴出资额中分摊到该已变现或基金普通合伙人已确认投资本金损失的项目的合伙费用，但募集费用不计入此项合伙费用；以及经普通合伙人或基金普通合伙人确认的合伙企业或基金的临时投资的投资本金损失中按合伙人分配比例计算由该有限合伙人承担的份额。

（2）20/80分成：提取20%的收益分成，80%分配给该有限合伙人，直至第（1）项及第（2）项下全部已分配金额之和达到第（1）项分配金额的300%。

（3）收益分成追补分配：提取收益分成，使按照本第（3）项与上述第（2）项累计提取的收益分成金额等于按照本第（3）项与上述第（2）项累计分配金额之和的25%。

（4）25/75分成：提取25%的收益分成，75%分配给该有限合伙人。

按照上述第（2）项、第（3）项及第（4）项提取的款项为"收益分成"，其中按照第××条约定存入拨备账户的部分在满足第C条（回拨机制）项下的回拨义务的前提下分配给普通合伙人，其余部分直接分配给普通合伙人。

（A-3）合伙企业取得的第××条以外的可分配现金，直接按照第××条约定在相关合伙人之间分配。

（A-4）在下列情况下，普通合伙人无须进行第A条（现金分配）的分配：

（1）如分配将使合伙企业破产；

（2）如根据普通合伙人的合理判断，分配将使合伙企业留存的现金或各合伙人尚未缴付的认缴出资额不足以履行未来可能发生的债务、责任或义务；

（3）如普通合伙人合理预期将在该次分配后30日内发出一次缴付出资通知，在此情况下，普通合伙人有权决定将相应分配款项直接冲抵该缴付出资通知所要求缴付的出资，相应地，于该等缴付出资通知所载出资日，各合伙人的尚未缴付的认缴出资额应减去相应的金额。

（A-5）普通合伙人可指示合伙企业将其可获分配的收益分成的全部或任何部分直接支付给第三方。

B. 非现金分配

（B-1）基金普通合伙人将尽其合理努力将基金的投资变现、避免以非现金方式进行分配；但如无法变现或根据基金普通合伙人的独立判断认为非现金分配更符合其全体合伙人的利益，则基金普通合伙人有权决定以非现金方式进行分配。如基金向合伙企业进行实物分配，除非有限合伙人无法依据适用的证券法律法规自由买卖可流通证券，否则普通合伙人可独立决定向合伙人分配可流通证券；并且，普通合伙人可以非流通证券进行非现金分配。

（B-2）普通合伙人在得知基金将进行非现金分配后，应立即书面告知有限合伙人，如有限合伙人通知普通合伙人，其根据适用的法律、法规或规定无法持有在该等实物分配中取得的全部或部分证券，则普通合伙人将委托基金普通合伙人出售该部分证券并将变现收入分配给该有限合伙人，以免有限合伙人违反相关法律法规规定。相关的有限合伙人应承担变现所发生的全部费用和开支。

（B-3）如根据上条进行了非现金分配，普通合伙人应尽其合理努力确保向合伙人提供其所分配取得的资产的权属证明（如该等资产的权属可登记），并办理所需的转让、登记手续。为避免疑问，转让、登记该等资产所应支付的税费应由相关的有限合伙人承担和支付。

（B-4）所有根据本条以实物方式分配的证券的价值按照基金向合伙企业进行实物分配时确定的相关证券的价值计算。基金确定该等价值时将适用以下原则：①如该证券为公开交易的证券，应根据基金作出分配决定之日前十五个证券交易日内该等证券的每日加权平均价格的算术平均值确定其价值；②如该证券即将实现上市，应根据该等证券的上市价格与上市后五个证券交易日每日加权平均价格的算术平均值确定其价值；③如证券没有上市价格或公开交易价格，经咨询委员会同意，可以基金普通合伙人确定的估值为该等证券的价值，如咨询委员会不同意基金普通合伙人的估值，基金普通合伙人应聘请独立的第三方进行评估从而确定其价值。

（B-5）为计算收益分配和亏损分担之目的，普通合伙人按照本第B条（非现金分配）向合伙人进行非现金分配时，视同对投资已经变现并根据确定的价值进行了分配。

C. 回拨机制

（C-1）合伙企业终止清算时，经对合伙企业存续期限内的项目投资收益情况进行综合计算，任何合伙人已获分配数额超过按照本协议（费用和损益分配的原则）的约定其应获分配数额的，应向合伙企业返还、重新进行分配，以实现合伙企业收益的总体分配符合本协议（费用和损益分配的原则）的约定；但各合伙人应向合伙企业返还的超过应获分配数额的分配款项以该等分配款项扣除应纳税额后的余额为限。

（C-2）按照本协议约定的计算的收益分成，其中的20%应存入以合伙企业或基金名义开立的拨备账户（"拨备账户"），拨备账户内的资金留存用于备付普通合伙人履行回拨义务所需支付的款项，在分配给普通合伙人之前属于合伙企业的财产。拨备账户内的资金在实际用于履行回拨义务前，可用于临时投资；如拟进行其他用途的，应经咨询委员会同意。如合伙企业终止之前如有限合伙人已收回全部已分担的项目投资成本，或拨备账户内的资金余额已足以满足回拨义务，普通合伙人可以停止向拨备账户内存入资金，并且，当拨备账户内的资金超过满足回拨义务所需金额后，超出部分（为避免疑问，包括按照前述约定进行临时投资或以其他方式运用产生的收益）分配给普通合伙人。

D. 返还分配款项

（D-1）尽管本协议有其他约定，普通合伙人可要求合伙人向合伙企业返还已分配款项以履行合伙企业在第××条（免责保证）项下的补偿义务或其他债务以及合伙企业根据基金有限合伙协议的约定应履行的返还分配款项的义务，无论该等债务是在合伙企业终止之前或之后发生，对于每一合伙人而言，亦无论其是否已经退伙；但已退伙的合伙人仅对其退伙之前发生的事由导致的合伙企业的债务承担责任。受限于第××条约定，上述合伙人应返还的已分配款项按照如下约定计算：

（1）如果该等责任或债务系因一项项目投资而产生，则应返还金额由各合伙人按照其在该项目投资中的权益比例分担，并以其获得的与该项目投资相关的所有已分配现金为上限。

（2）如果该等责任或债务系因其他原因产生，则应返还金额由各合伙人按照其认缴出资比例分担。

（D-2）返还义务应受到如下限制：

（1）任何有限合伙人应返还的金额累计不应超过其自合伙企业获得的所有分配金额。

（2）在合伙企业终止之日起满两年后，合伙人不应再被要求返还已分配款项，但如果在该两年期间结束时存在未决的索赔或诉讼，或存在其他应承担的责任，普通合伙人应通知合伙人，对该等索赔、诉讼或责任进行简要描述，在此情况下，合伙人仍有义务返还已分配款项，直至该等索赔、诉讼或责任得到最终解决。

（D-3）为本协议之目的，任何合伙人按照本第××条（返还分配款项）约定返还已分配款项应被视为合伙企业对该等款项分配的取消，而不应被视为该合伙人的实缴出资；但仅为第××条（逾期缴付出资）之目的，任何合伙人未能按照本第4.7条（返还分配款项）约定返还已分配款项将被视为逾期缴付出资，普通合伙人有权认定该合伙人为违约合伙人并对其适用第××条（逾期缴付出资）项下约定。

E. 所得税

根据《合伙企业法》之规定，合伙企业并非所得税纳税主体，合伙人所获分配的资金中的应税所得，由各合伙人分别缴纳所得税，合伙企业将根据相关税收法律法规的规定为自然人有限合伙人代扣代缴个人所得税。

（六）信息披露问题

根据基金业协会的规定，投资机构需要定期向有限合伙人（LP）汇报基金信息，汇报的形式包括定期报告、临时报告。定期报告有年度报告、季度报告，临时报告一般指重大事项的临时报告，不同的基金合伙协议对于临时报告的范围约定也不同。一般地，投后管理人员负责撰写这些报告中有关已投项目最新动态、经营情况、财务情况、上市进展和未来预期等内容。以下是典型的信息披露条款。

> A. 信息披露责任、方式、渠道、频度
>
> 普通合伙人或管理人按照适用法律规定的相关要求及本协议的约定向有限合伙人履行合伙企业的相关信息披露义务。合伙企业的信息披露方式为书面通知，信息披露渠道为电子邮件或普通合伙人、管理人确定的其他合理方式。信息披露分为年度、季度和临时报告及重大事项披露。
>
> B. 年度信息披露
>
> 合伙企业运行期间，普通合伙人应根据基金业协会的要求在每年结束之日起4个月以内向有限合伙人披露相应信息。
>
> 合伙企业应聘请会计师事务所对合伙企业的年度财务报表进行审计。审计机构由普通合伙人选定，但选定后，任何审计机构更换均应由普通合伙人充分考虑合伙人会议的意见和建议后决定。
>
> 普通合伙人应在会计年度结束后四个月之内以正式的书面及电子文本形式向有限合伙人提交经审计的下列财务报表，并在每个季度结束后的十个工作日内提交未经审计的财务报表：
>
> （1）资产负债表；
>
> （2）利润表；
>
> （3）现金流量表（仅年度报表适用）；

（4）所有者权益变动表（仅年度报表适用）；

（5）财务报表附注（仅年度报表适用）；

（6）各合伙人在合伙企业中的资本账目余额及在报告期间的变动情况（仅年度报表适用）。

C. 季度信息披露

合伙企业运行期间，普通合伙人应当根据届时适用法律有效规定在每季度结束后向有限合伙人披露相应信息，普通合伙人在向有限合伙人提交季度财务报表之时，应提供一份季度投资报告，该报告需包含基金净值、主要财务指标以及投资组合情况等信息。

D. 年度报告

普通合伙人应于每年 4 月 30 日前向有限合伙人提交年度报告，内容为上一年度投资运作情况、投资运作费用、投资收益分配和损失承担情况及按法律、证监会、基金业协会要求应该向投资者披露的其他信息。

E. 临时报告

普通合伙人对于合伙企业运营过程中发生的、根据其独立判断对合伙企业有重大影响的事件或情形，应在获知后尽早通知有限合伙人。

四、投后管理中用到的投资分析框架及复盘要点

如果你是一个新手，在进入投资行业后，老员工会让你学习宏观分析、行业分析、企业分析、财务分析等一系列方法。但是，笔者发现很多的新员工学了一堆分析方法后，在遇到具体的投资项目时，却又不知道怎么用。问题可能是，新员工在学习这些方法时，并没有建立起一个完整的分析逻辑框架，如果

没有框架性的思维，学到的东西就是一盘散沙。

实际上，所有的分析方法都必须指向一个问题，那就是"这笔投资到底能赚多少钱？"相应地，复盘的时候也必须紧扣一个问题，那就是"现在这个时点，当时的预期是不是还成立，还能赚那么多钱吗？或者是不是能赚更多？"

接下来重点介绍几种常用的投资分析框架及其复盘要点。一般地，投资分析框架可以粗略地分为业绩驱动的投资分析框架和创新驱动的投资分析框架。如果拟投项目的产品、服务或者商业模式已经得到了市场验证，投资机构主要看重其业绩的未来增长，会用到业绩驱动的投资分析框架；如果拟投企业的产品、服务或者商业模式还在研发中，尚未得到市场验证，投资机构主要看重其研发能力和未来的应用前景，此时，企业根本没有什么财务或者业务上的业绩指标，那么只能用研发进展的里程碑式的估值逻辑，这就是创新驱动的投资分析框架。这两个分析框架并不是泾渭分明的，业绩驱动也需要创新，创新期间需要考虑未来的业绩。

业绩驱动的投资分析框架又分为绝对估值和相对估值。绝对估值法包括股息折现法（Dividend Discount Model，DDM）、企业自由现金流折现（Free Cash Flow to the Firm，FCFF）、股权自由现金流折现（Free Cash Flow to Equity，FCFE）等。相对估值法包括 P/E 法或者 P/S 法等。

无论是绝对估值模型的 DDM、FCFF、FCFE 模型，还是相对估值模型的 P/E 法或者 P/S 法，都是以企业的销售收入或者净利润为计算的逻辑起点的，销售收入或者净利润的增长率是决定企业估值的重要因素。增长率越快的企业，其估值也越高，反之亦然。本书接下来介绍判断企业增长率的方法。

（一）企业的增长率判断

企业的增长率取决于哪些因素呢？这涉及宏观分析、行业分析和企业的业务分析，因为上面的估值模型是以财务数据为基础的，但实际上财务只是结果和表象，本质原因是宏观形势走势、行业发展情况和企业的竞争力如何等因素。

不过，在分析一个具体投资项目时，我们一般都假定宏观经济是稳定的。

关于宏观经济的分析，一般属于投资机构战略决策层面的事情，宏观分析决定了投资机构的赛道选择、投资阶段选择和资产配置策略选择，与单独的项目投资决策并没有直接相关。我们重点关注行业研究的方法。

1. 行业研究方法

行业研究框架一般应先界定大行业和细分行业，并画出大行业图谱。对细分行业，应从监管政策、行业历史、行业规模、行业增长驱动因素等方面进行分析。行业分析应落实到被投企业上，形成从行业到企业，再从企业到行业的循环反馈机制，不断加深对行业的理解和认识。图 6-1 中灰色的部分是经常发生变化的部分，需要重点关注。

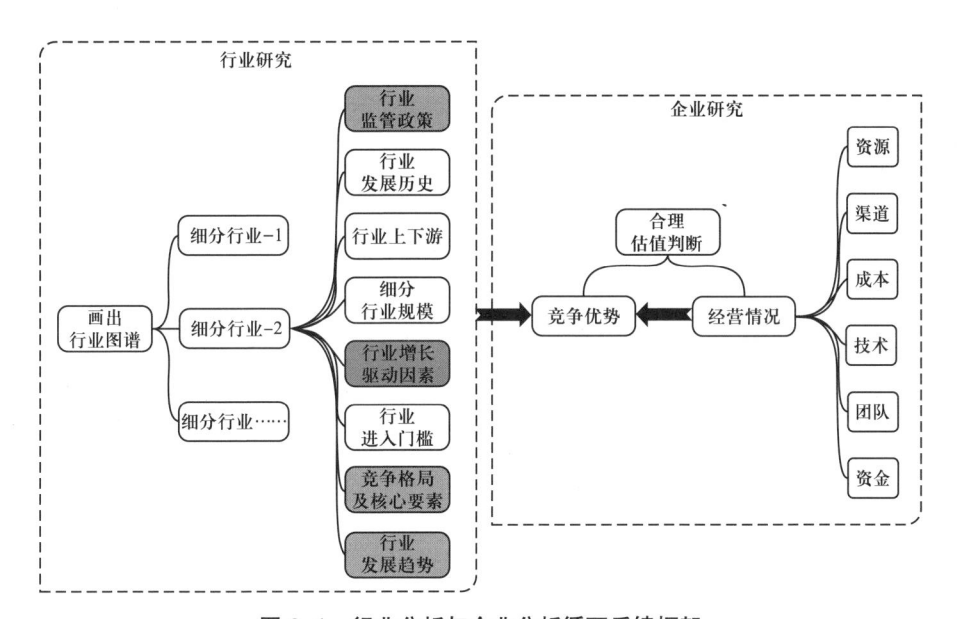

图 6-1 行业分析与企业分析循环反馈框架

在对行业进行梳理的过程中，可以用一些行业分析工具分析行业发展和竞争态势。常用分析工具有 PEST（行业整体发展趋势分析）、SWOT（行业内企业竞争优势分析）、Porter's Five Forces（行业投资价值分析）等。从这些工具的作用看，PEST 分析是专注于对行业的宏观环境进行分析，包括政治、经济、技术、社会等主要方面。Five Forces 分析主要专注于对某一个行业进行中观分析，也就是介于宏观和微观之间，分析行业的竞争情况。SWOT 分析则主要针对某一个企业或者某一个产品进行分析，综合对比优势和劣势，考察是否具备投资价值。

限于篇幅，本书不对这些分析方法做详细介绍，仅作简单提要。

PEST 分析是企业外部宏观环境的一种方法。对宏观环境因素作分析，不同行业和企业分析的具体内容会有差异，但一般都应对政治（Political）、经济（Economic）、技术（Technological）和社会（Social）四大类影响企业的主要外部环境因素进行分析。简单而言，称之为 PEST 分析法。如图 6-2 所示。

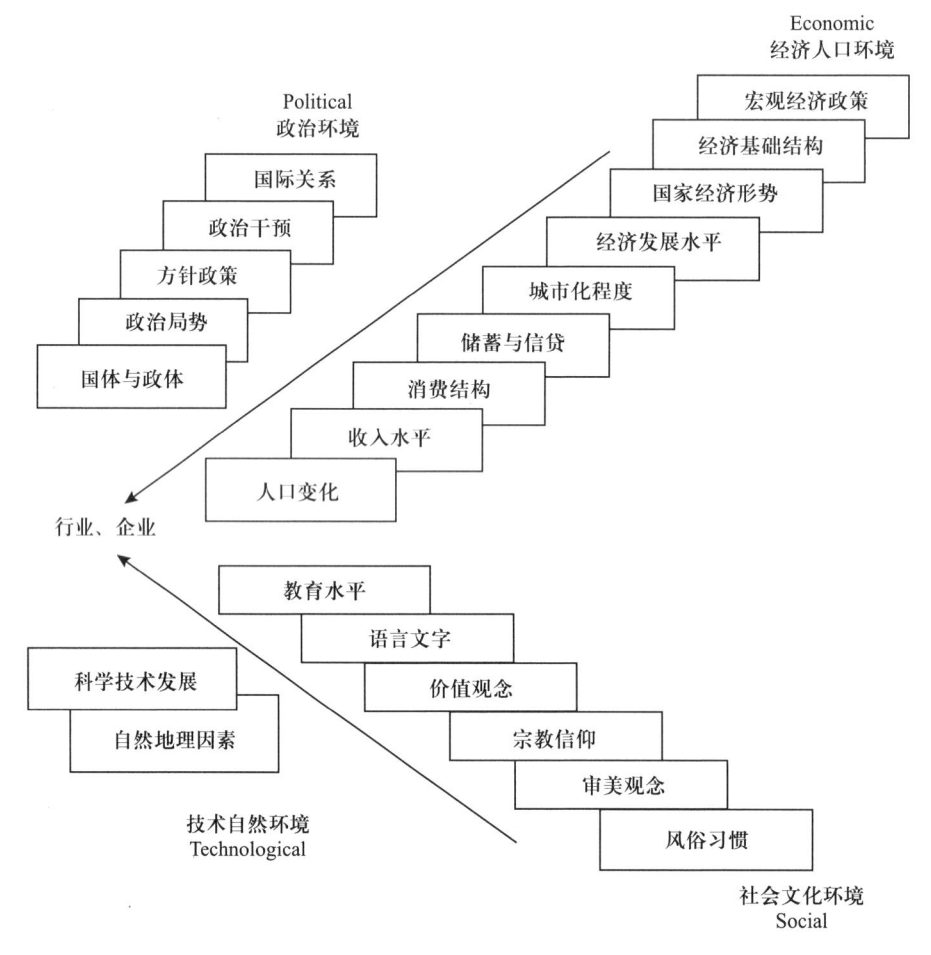

图 6-2　PEST 模型

五力分析模型是迈克尔·波特（Michael Porter）于20世纪80年代初提出的，对企业战略制定产生全球性的深远影响。用于竞争战略的分析，可以有效地分析客户的竞争环境。五力分别是供应商的讨价还价能力、购买者的讨价还价能力、潜在竞争者进入的能力、替代品的替代能力、行业内竞争者现在的竞争能力。五种力量的不同组合变化最终影响行业利润潜力变化。如图6-3所示。

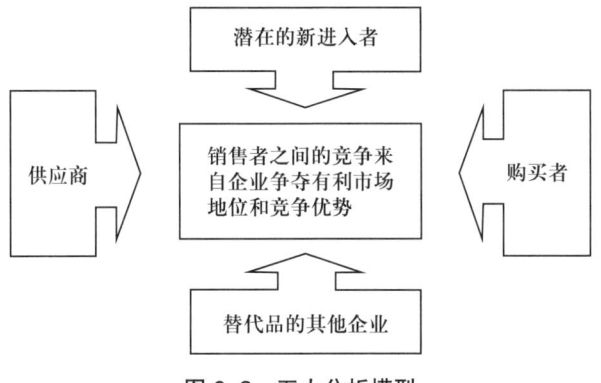

图6-3 五力分析模型

SWOT分析包括分析企业或某一产品的优势（Strength）、劣势（Weakness）、机会（Opportunity）和威胁（Threats）。因此，SWOT分析法是分析组织的优劣势、面临的机会和威胁的一种方法。如图6-4所示。

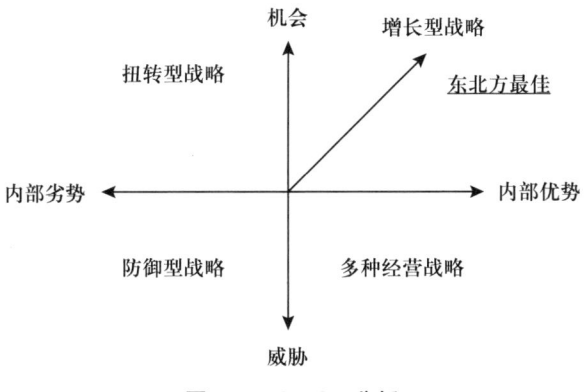

图6-4 SWOT分析

2. 企业分析框架

企业分析一般先从产品或者服务入手，通过产品和服务拆解收入，然后根据行业分析和企业竞争力分析推演企业未来的收入增长趋势，再用模拟报表的方式推断出三张表的主要科目，尤其不应忽视现金流量表的匹配，如果现金不匹配，应该提前做好融资计划。图6-5是一个典型的企业业务的投资分析框架。

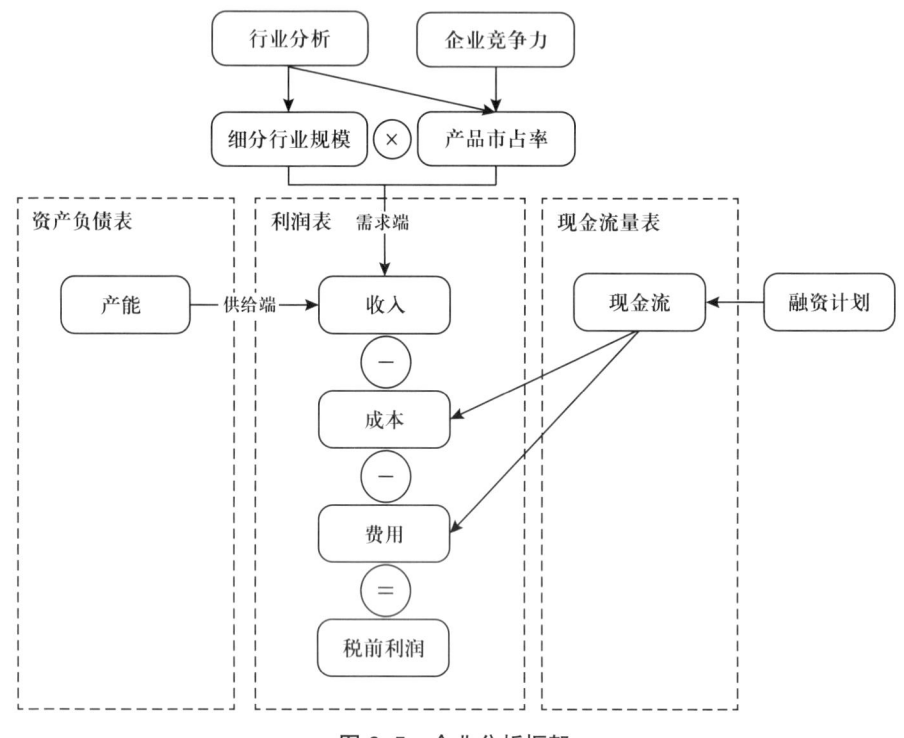

图 6-5 企业分析框架

我们举例说明以上方法如何运用，因篇幅所限，对整个测算模型进行了简化。

例如，要分析一家生产临床检测试剂盒的公司 ×，该公司的产品主要为神经外科、呼吸科和消化科（肝癌）的早筛检测。首先做一些假设，其中最重要的假设是企业的渗透率，这个指标取决于企业的市场地位、竞争优势等，带有一定的主观估计，其余指标相对来说是较为客观的（见表6-2）。

表 6-2　关键假设

时间 临床检验收入	2023E	2024E	2025E
神经外科			
存量患者（万例）	44.20	46.10	47.70
增长率（%）	5.40	4.30	3.50
五年生存率	—	—	—
当年死亡率（%）	18.00	18.00	18.00
当年死亡人数	7.90	8.30	8.60
当年新增人数	10.20	10.20	10.20
治疗率（%）	50.00	50.00	50.00
检测率（%）	31.00	31.00	32.00
基因检测率（%）	15.50	15.50	15.80
×公司渗透率（%）	20.00	25.00	30.00
×公司检测量（万人）	1.44	1.86	2.34
单价（元）	5449.60	4904.64	4414.18
增长率（%）	−10.00	−10.00	−10.00
×公司检测收入（万元）	7855.60	9122.63	10315.13
呼吸科			
存量患者（万例）	347.10	362.10	374.60
增长率（%）	5.50	4.30	3.40
五年生存率	—	—	—
当年死亡率（%）	17.00	17.00	17.00
当年死亡人数	58.30	60.80	62.90
当年新增人数	73.30	73.30	73.30
治疗率（%）	50.00	50.00	50.00
检测率（%）	43.00	43.00	44.00
基因检测率（%）	21.50	21.50	22.00
×公司市场渗透率（%）	2.00	4.00	6.00

续表

时间 临床检验收入	2023E	2024E	2025E
×公司检测量（万人）	1.56	3.22	5.08
单价（元）	5967.50	5370.75	4833.68
增长率（%）	−10.00	−10.00	−10.00
×公司检测收入（万元）	9291.58	17302.19	24564.74
消化科－肝癌			
存量患者（万例）	210.40	219.10	226.30
五年生存率	—	—	—
当年死亡率（%）	18.00	18.00	18.00
当年死亡人数	37.90	39.40	40.70
当年新增人数	46.60	46.60	46.60
治疗率（%）	35.00	35.00	35.00
检测率（%）	22.00	22.00	23.00
基因检测率（%）	7.70	7.70	8.10
×公司渗透率（%）	5.00	7.00	9.00
×公司检测量（万人）	0.84	1.22	1.69
单价（元）	6630.00	5967.00	5370.30
增长率（%）	−10.00	−10.00	−10.00
×公司检测收入（万元）	5592.64	7278.29	9090.51
×公司检测总收入（万元）	22739.81	33703.11	43970.38

由此可以推断出未来三年企业的收入，然后根据百分比报表，模拟其利润表。利润表是估值的重要参考（见表6-3）。

表6-3 合并利润表

单位：百万元

时间 项目	2023E	2024E	2025E
营业收入	227.4	337.0	439.7
增长（%）	—	48.2	30.5
营业成本	56.8	84.3	109.9

续表

时间 项目	2023E	2024E	2025E
收入（%）	25.0	25.0	25.0
毛利润	170.5	252.8	329.8
毛利率（%）	75.0	75.0	75.0
营业税金及附加	—	—	—
收入（%）	—	—	—
费用支出	105.5	150.0	197.0
收入（%）	46.4	44.5	44.8
销售费用	76.9	113.6	149.1
收入（%）	33.8	33.7	33.9
管理费用	12.5	12.1	16.3
收入（%）	5.5	3.6	3.7
研发费用	16.1	23.9	32.1
收入（%）	7.1	7.1	7.3
EBIT	77.1	123.0	164.0
收入（%）	33.9	36.5	37.3
财务费用/收益	(0.5)	(2.0)	(42.9)
收入（%）	-0.3	-0.8	-13
营业利润	65.0	102.8	132.8
营业外收入/支出	—	—	—
非经常损益	—	—	—
利润总额	65.0	102.8	132.8
收入（%）	28.6	30.5	30.2
所得税费用	16.3	25.7	33.2
有效税率（%）	25.00	25.00	25.00
净利润	48.8	77.1	99.6
增长（%）	—	58.1	29.2

然后，还需要考虑，企业未来的发展需要融多少钱？需要融几轮？这就需要模拟其现金流量表，本书对现金流量表的模拟做了简化（见表6-4）。

表6-4 现金流量表

单位：百万元

时间 项目	2023E	2024E	2025E
经营活动产生现金流			
净利润	48.78	77.10	99.59
调整项	−31.20	−34.60	−45.90
经营活动产生现金流	17.58	42.50	53.69
投资活动产生现金流			
固定、无形资产支出	−32.00	−35.00	−38.00
投资活动产生现金流	−32.00	−35.00	−38.00
融资活动产生现金流			
分红			
短期贷款变化（增/减）			
长期贷款变化（增/减）			
股权融资	20.00		
融资活动产生现金流	20.00		
净现金流	5.58	7.50	15.69
期初现金	5.00	10.58	18.08
期末现金	10.58	18.08	33.77

由表6-4可知，公司需要在2023年融资2000万元才能保证现金流平衡。

（二）业绩驱动的投资分析框架

业绩驱动的投资分析框架是常用的分析框架，又分为绝对估值和相对估值。绝对估值法包括股息折现法和自由现金流折现等，这里主要针对非上市公司的股权投资，非上市公司一般很少频繁地分红，所以，自由现金流折现是更常用的分析模型。相对估值法一般用P/E法或者P/S法，二者原理一致，本书主要介绍 P/E 法。

1. 自由现金流折现模型及其复盘要点

（1）自由现金流定义。莫迪格利安尼（Modigliani）与米勒（Miller）在一系列文章中提出了 MM 理论，该理论认为，一个公司的股权价值不受融资方式的影响。因此，无论红利政策还是资本结构都不会影响股权的价值。MM 理论的根据是，一个公司股权的内在价值是公司现有资产加上未来投资所创造的股东净现金流的现值。

现金流折现（DCF）估值方法将证券的内在价值看作其未来现金流的现值。如果使用股利，DCF 模型是股利折现法或股利折现模型（DDM）。DCF 模型在应用中，还需要区分企业自由现金流（FCFF）和股权自由现金流（FCFE）。

股利是实际支付给股东的现金流，而自由现金流是可以分配给股东的现金流。与股利不同，FCFF 和 FCFE 不是容易获得的数据。需要用可得到的财务信息计算出这些数据，这要求投资人员清楚地理解自由现金流并具有正确解析和使用这些信息的能力。预测未来现金流也是一项复杂和有难度的工作。

企业自由现金流（Free Cash Flow to the Firm，FCFF）是所有经营费用（包括所得税）已经支付，必需的营运资本（例如存货）和固定资本（例如设备）投资已经完成后，企业资本提供者可以得到的现金流。FCFF 等于经营活动现金流减去资本支出。企业的资本提供者包括普通股股东和债权持有人，有时还包括优先股股东。

股权自由现金流（Free Cash Flow to Equity，FCFE）是所有经营费用、利息和本金都已经支付，必需的营运资本和固定资本投资已经完成后，企业的普通股股东可以得到的现金流。FCFE 等于经营活动现金流减去资本支出再减去支付给债权人的（或加上从债权人处得到的）现金。对于股权投资来说，更应关注的是 FCFE。

自由现金流估值法的计算基础有三点：**自由现金流、企业未来的增长率、计算估值时的折现率。**

我们首先从企业自由现金流和股权自由现金流的计算开始：

FCFF = 属于普通股股东的净利润

  加：净非现金费用

  加：利息费用 ×（1- 税率）

  减：固定资本投资

  减：营运资本投资

考虑 FCFF 的每一个组成部分。公式的起点归属于普通股股东的"净利润"，它代表扣除了折旧、摊销、利息费用、所得税和优先股股利（但不包括普通股股利）后的利润。

"净非现金费用"是根据"净利润中的非现金减少和增加"进行的调整。最常见的非现金项目是折旧费用。当企业购买固定资产（例如机器设备）时，资产负债表会在购买的时点反映现金的流出。此后，企业会在使用资产时记录折旧费用。折旧会降低净利润但不是现金的流出。因此，折旧是一项（最常见的）非现金费用，在计算 FCFF 时必须加回。如果是无形资产，类似的非现金费用被称为摊销，也要在计算时加回。其他非现金费用因公司而异。

"税后利息费用"必须加回到净利润以得到 FCFF。因为在计算净利润时扣除了利息费用在所得税节约后的净值，而利息是企业一部分资本提供者（即企业的债权人）可以得到的现金流，所以这一步是必需的。与税后利息费用相似，如果企业有优先股，优先股的股利会在计算普通股股东的净利润时被扣除。因为优先股股利是企业部分资本提供者可以得到的现金流，所以在计算 FCFF 时应该加回。

"固定资本投资"代表了购买企业目前和未来经营所必需的固定资本的现金流出。这些投资是对长期资产（例如不动产、厂房和设备等）的资本支出，是支撑企业经营所必需的。必需的资本支出可能还包括无形资产，例如商标。如果是用现金收购另一家企业，现金的购买数额也可以被视为资本支出，减少企业的自由现金流（这是一种保守的做法，因为这么做会减少 FCFF）。如果企业处置固定资本收到现金，必须在计算固定资本投资时扣除这部分现金。企业的现金流量表是资本支出和固定资本销售信息的极好来源。

"营运资本净增加"这项是非常重要的调整。该调整反映了流动资产（例如应收账款）减去流动负债（例如应付账款）的净投资。

FCFE 是仅属于股权持有者的现金流。要得到 FCFE，我们必须从 FCFF 中减去支付给债权持有者的利息的税后价值并加上净借款（净借款等于在自由现金流对应期间发行的债务减去偿还的债务）：

股权自由现金流 = 企业自由现金流

减：利息费用 ×（1- 税率）

加：净借款

（2）关于折现率的确定。如果是企业自由现金流折现，折现率一般取企业加权平均资本成本（Weighted Average Cost of Capital，WACC）：WACC =［E /（D+E）］× Re +［D /（D+E）］× Rd ×（1-Tc）

式中，Re 代表股本成本，是投资者的要求收益率；Rd 代表债务利息率；E 代表公司股本的市场价值；D 代表公司债务的市场价值；D + E 代表企业的市场价值；Tc 代表企业税率。

如果是股权自由现金流，折现率即为投资者的预期收益率。

（3）增长率模型。

1）永续增长模型。永续增长模型假设企业未来增长稳定，增长的速度是恒定的，那么企业的价值就成了下一期现金流的函数。经简化，企业股权估值模型为：

$$V = \frac{FCFE_1}{k - g}$$

2）两阶段增长模型。在两阶段自由现金流模型中，第二阶段增长率是长期可持续增长率；在下降的行业中，第二阶段增长率会略低于 GDP 增长率；在预期比整体经济增长更快的行业中，第二阶段增长率会略高于 GDP 增长率。

两阶段 FCFF 估值模型的一般表达式为：

$$公司价值 = \sum_{t=1}^{n} \frac{\text{FCFF}_t}{(1+\text{WACC})^t} + \frac{\text{FCFF}_{n+1}}{(\text{WACC}-g)} \frac{1}{(1+\text{WACC})^n}$$

两阶段 FCFE 估值模型的一般表达式为：

$$股权价值 = \sum_{t=1}^{n} \frac{\text{FCFE}_t}{(1+r)^t} + \frac{\text{FCFE}_{n+1}}{r-g} \frac{1}{(1+r)^n}$$

3）三阶段增长模型。三阶段模型是两阶段模型的直接拓展。一种常见的三阶段模型假设增长率在每个阶段都是稳定的。增长率可以是销售收入、利润、固定和营运资本投资的增长率，外部融资可以是销售收入水平或销售收入变动的函数。简单一些的模型会使用 FCFF 或 FCFE 的增长率。

另一种常见的三阶段模型假设增长率在第一和第三阶段稳定，在第二阶段下降。和前一种模型一样，增长率可以使用销售收入增长率，也可以使用 FCFF 或 FCFE 增长率。尽管未来 FCFF 和 FCFE 不太可能遵循三阶段增长模型的假设，但实践中是有用的近似估计。

（4）自由现金流估值模型的复盘要点。自由现金流模型中关键的数据是 FCFF（或 FCFE）和企业业绩增长率，折现率是确定的，在财务模型构建合理的情况下，FCFF（或 FCFE）又取决于企业业绩增长率，所以，本质上，自由现金流估值模型的复盘要点仍然是企业的增长曲线是否符合预期。

2. P/E 法估值模型及其复盘要点

本杰明·格雷汉姆和大卫·L. 多德首次将基于市盈率的普通股估值方法作为当时的标准方法。时至今日，市盈率仍是人们最熟悉的估值手段。常用的有两类主要的市盈率公式：静态市盈率和动态市盈率（也被称为未来市盈率）。静态市盈率（Trailing P/E）是当前的市场价格除以最近 4 个季度的每股收益，这种计算下的每股收益有时也被称为"静态 12 个月每股收益"。动态市盈率（Forward P/E），也被称为领先市盈率（Leading P/E）或者预期市盈率（Prospective P/E），是股票的当前价格除以下一年的预期收益。

尽管市盈率模型经常受到批评，但仍然是最流行的估值模型。需要注意的是，如果一个项目的每股收益是零、负数或者与价格相比极小时，市盈率不具有实际意义。

运用市盈率模型进行估值时，有一个重要的估计——未来的预期市盈率，一般指被投企业上市后或者被并购时的预期市盈率。只有这个指标确定后，才能知道目前的估值是否合理。

假设某投资机构在2022年投资一个项目投资成本5000万元，占股5%，即整体投后估值3亿元，当前净利润1000万元，则投资时P/E倍数为30。预计持有8年后（即在2030年）通过IPO退出，预计净利润年化复合增长率可以维持在35%，退出时该项目净利润达1.1亿元，如表6-5所示。

表6-5 利润模拟预测表

年份	净利润（万元）	年份	净利润（万元）
2022	1000.00	2027	4484.03
2023	1350.00	2028	6053.45
2024	1822.50	2029	8172.15
2025	2460.38	2030	11032.40
2026	3321.51		

查询Wind数据，在二级市场当前该行业平均P/E倍数为35，假定未来仍然维持这一估值水平，则退出时收益率约为51%。如表6-6所示。

表6-6 投资收益测算表

投资成本（万元）	5000.00
持有时间（年）	8
退出时P/E倍数	35
后续融资稀释（%）	35
退出时估值（万元）	135146.95
退出时年化复合收益率（%）	51.00

也即，如果企业的发展趋势符合我们的预期，并且未来IPO后，二级市场给出的P/E倍数达到35，则投资机构可以获得51%的年化复合收益率。

我们看到，影响收益率有两个重要的因素：一是企业的净利润增长率；二是二级市场能够达到的 P/E 倍数。在复盘时应该重点关注两个指标是否符合投资时的预期。

（三）创新驱动的投资分析框架

适用于创新型的企业，比如创新药行业、芯片行业、民营火箭行业等。对于这类企业，资本市场主要看重的是企业取得的重大的创新进展，在此期间，企业不会有收入和利润，现金流维持只能靠不断地融资。

1. 创新药行业的关键里程碑及估值驱动

因为创新药一直是投资界非常热的投资领域，这里讲一下创新药关键里程碑的具体细节。以下是新药研发到上市所需要的四个关键阶段：一是临床前研究；二是临床批件申请和审批；三是临床试验；四是生产批件的申请和审批。重要的进展有：靶点筛选、药物构建、毒理实验、临床批件、临床试验（三期）、生产批件等，每取得一项进展，估值就会上一个台阶。

临床前研究的关键节点，如图 6-6 所示。

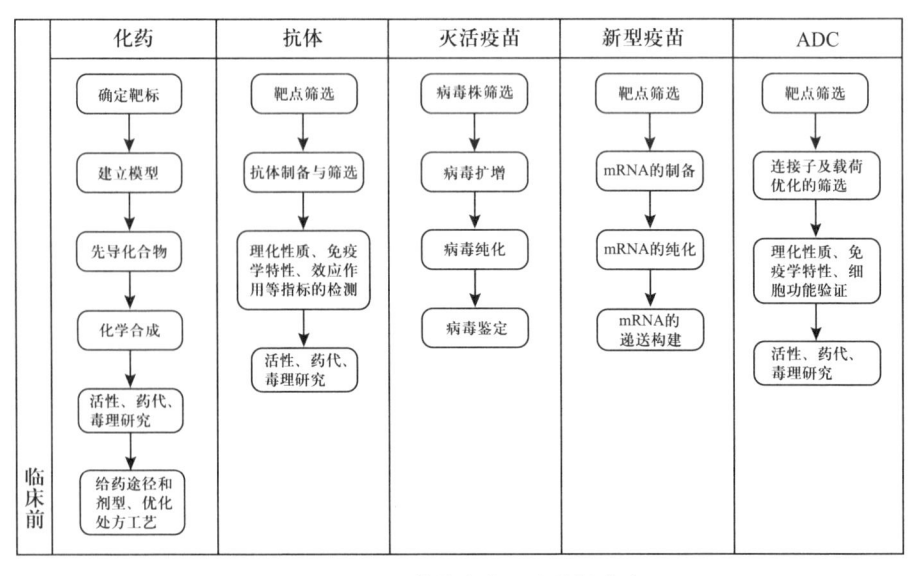

图 6-6 创新药临床前研究关键节点

新药申报临床批件关键节点，如图 6-7 所示。

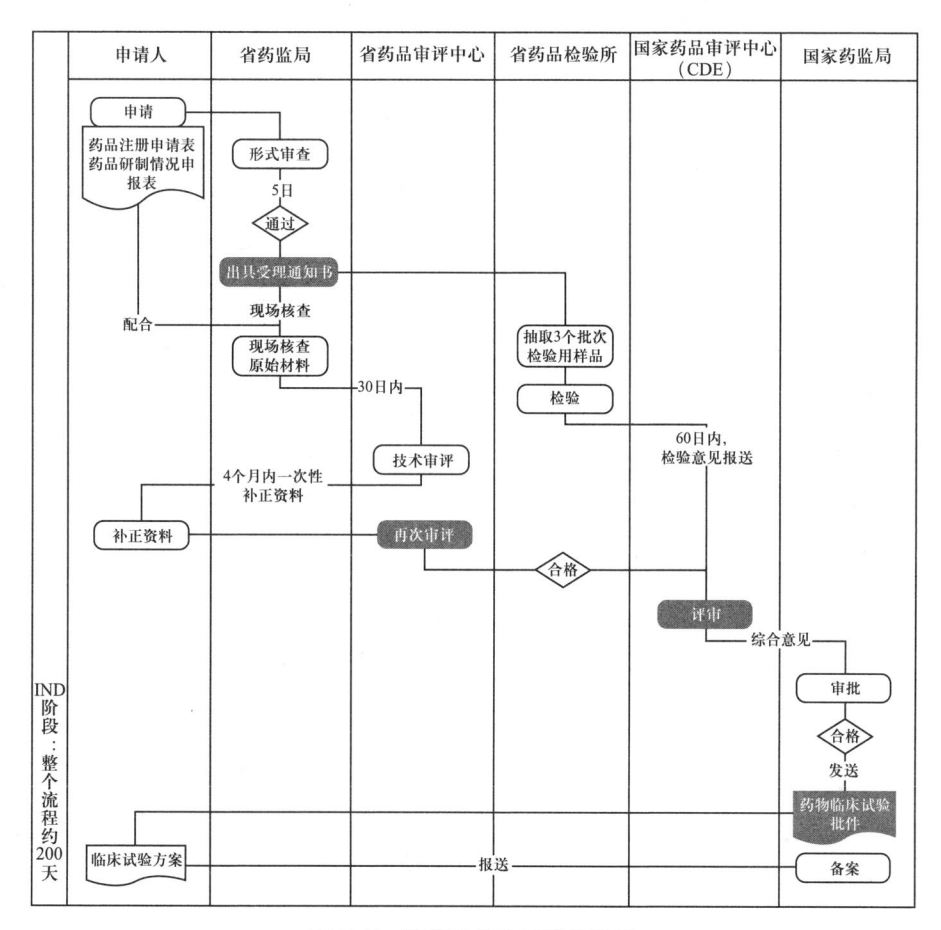

图 6-7 新药申报临床批件流程

临床试验关键节点，如表 6-7 所示。

表 6-7 临床试验 III 期临床

	目的	对象	平均耗时	成功率（%）
临床 I 期	观察人体对新药的耐受程度和药代动力学，确定药物安全性和剂量，为制订给药方案提供依据	20~100 例健康志愿者	1 年	65

续表

	目的	对象	平均耗时	成功率（%）
临床Ⅱ期	初步评价药物对目标适应证患者的治疗作用和安全性，为Ⅲ期临床试验研究设计和给药方案的确定提供依据	>100例病患志愿者	2年	33
临床Ⅲ期	进一步验证药物对目标适应证患者的治疗作用和安全性，评价利益和风险的关系，为药物注册申请获得批准提供充分依据	>300例病患志愿者	3年	60

生产批件申报关键节点，如图6-8所示。

创新药企业从研发到产品上市，要走过很长的历程，并且失败的风险极高。创新药投资是高风险、高回报的领域，需要非常专业的投资团队，其分析框架很难完全适用传统的金融和财务模型，大多数投资分析框架都建立在里程碑驱动的估值逻辑上。

尽管以上逻辑是合理的，但我们仍然面临的一个问题是：我们知道每达成一个进展，就需要给出更高的估值，那么在某一个特定的进展节点，我们给出多高的估值才算是合理的呢？对于创新药来说，因为其适应症是确定的，根据该适应症在人群中的发病率，然后预估该药品上市后的价格，所以匡算出市场规模。根据患者支付能力、替代治疗方案、医生接受程度等各个因素，我们可以推算该创新药在未来的市场渗透率，据此可以得出该企业的销售收入曲线，这样，可以回归到业绩驱动的估值模型上去验证估值的合理性。

2. SpaceX的估值驱动

著名的SpaceX公司也是创新驱动的估值逻辑。SpaceX是目前全球范围内最成功的商业火箭公司，公司自2002年成立，通过不断的研发和技术革新，2012年10月7日在卡纳维拉尔角空军基地成功发射了"猎鹰-9"火箭，将"龙"太空舱送入轨道，这是SpaceX公司货运飞船首次正式承担向国际太

第六章 投后管理的重要专项问题

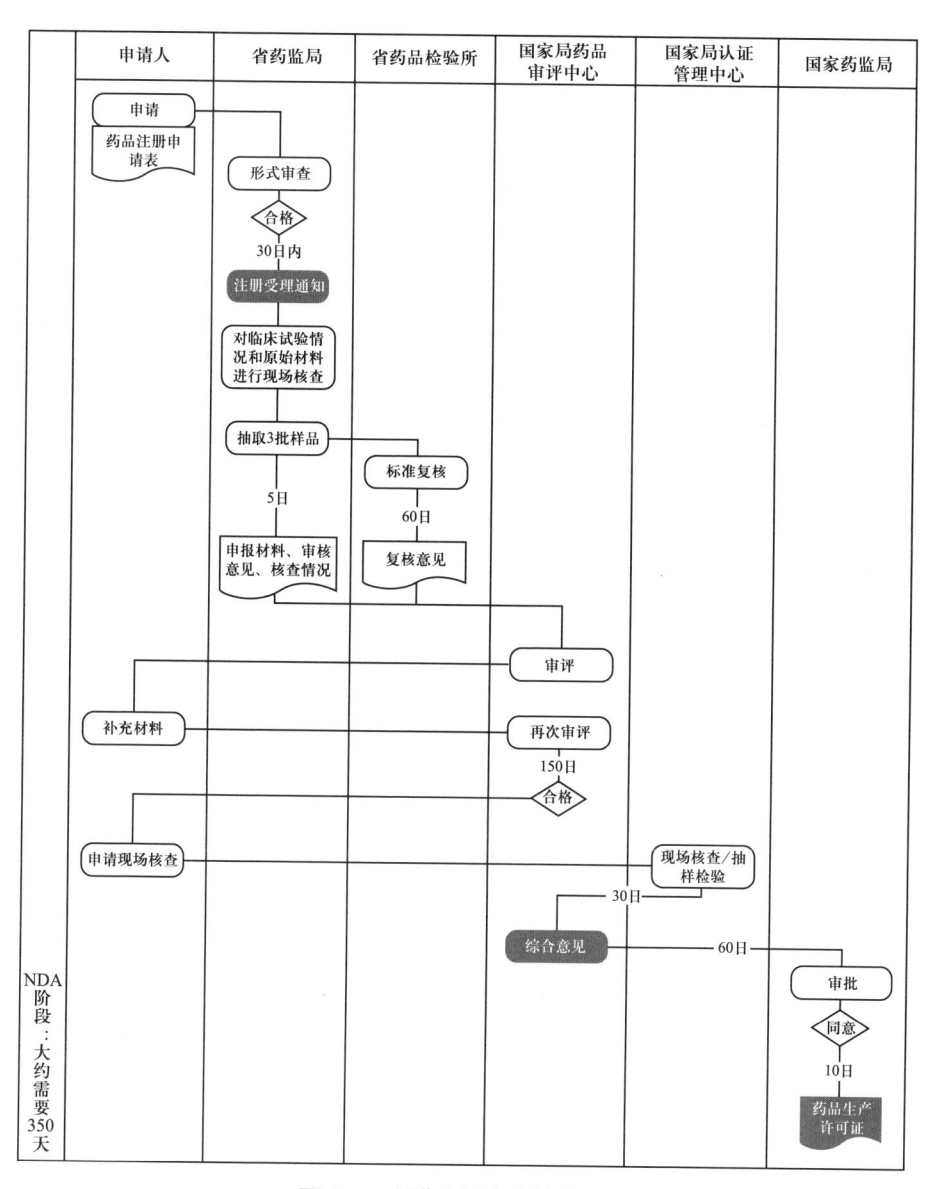

申请人	省药监局	省药品检验所	国家局药品审评中心	国家局认证管理中心	国家药监局

NDA阶段：大约需要350天

申请 → 药品注册申请表 → 形式审查 → 合格（30日内）→ 注册受理通知 → 对临床试验情况和原始材料进行现场核查 → 抽取3批样品 → 标准复核（60日）→ 复核意见 → 申报材料、审核意见、核查情况（5日）→ 审评 → 补充材料 → 再次审评（150日）→ 合格 → 申请现场核查 → 现场核查/抽样检验（30日）→ 综合意见（60日）→ 审批 → 同意（10日）→ 药品生产许可证

图 6-8 新药申报生产批件流程

空站运货的任务，2015年首次实现火箭回收。2019年3月2日，SpaceX载人"龙"飞船首次测试飞行成功。目前SpaceX已经实现了商业化运作，并在不断革新自身产品，其2018年合计发射了28枚，占美国发射次数比例为82.35%。目前SpaceX在从事正常商业火箭发射业务的同时，大力研发试验液氧甲烷液

体可回收发动机，并针对未来制订了 Starlink 计划。Starlink 计划是 SpaceX 计划让近 1.2 万颗的卫星环绕地球运行，从而给地面提供互联网服务。美国联邦通信委员会在 2018 年 3 月和 2018 年 11 月批复了这个项目，计划发射的卫星数量是人类发射的所有航天器数量的两倍多。根据雪球网海投全球的统计，2002~2020 年 SpaceX 的估值成长情况如图 6-9 所示。

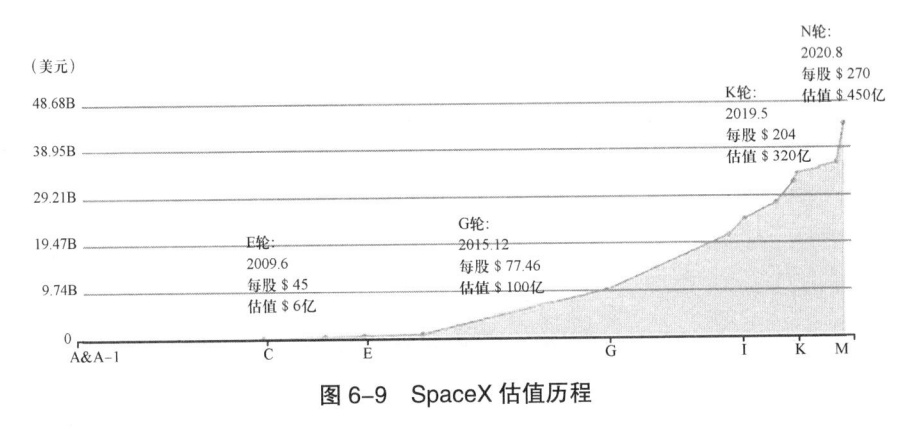

图 6-9　SpaceX 估值历程

资料来源：雪球网。

我们看到，2015 年 SpaceX 首次实现火箭回收之后，估值进入了快速上升通道，2019 年载人飞船首次测试飞行成功，估值达到了 320 亿美元的新高点。在星链计划和可回收发动机等一系列预期的推动下，其估值还在水涨船高。

在民营火箭行业，根据创新驱动的投资估值逻辑，我们知道每取得一项进展，就需要给出更高的估值，但是，到底给出多高的估值呢？换句话说，我们怎么能判断出估值是合理的呢？有两个方案，第一个方案是回归到业绩驱动的估值逻辑上，因为无论什么创新，最终需要回归市场，需要看到底能带来多少收入和净利润。但在实践中，民营火箭行业有很多的创新产品或者服务未来的应用场景并不确定，市场规模也很难预估，用业绩驱动的估值模型很难得出有意义的结论。所以，需要第二个方案，寻找市场参照，即所谓的市场可比交易案例，市场可比交易案例从估值的底层逻辑上看并不可靠，但它反映了市场的预期，如果市场普遍认可该交易价格的话，那么可以认为这是市场的一致预期。

寻找到合适的市场可比交易案例并不是很简单的事情，什么样的案例有参照价值，什么样的案例没有参照价值，是需要分析的。同样是民营火箭企业，如果一个国内的小型研发型企业估值对标 SpaceX，肯定是不合适的，因为二者不在一个量级。同样地，即使同为国内的民营火箭企业，一个企业的市场估值也并不一定能成为另一个企业的参照，因为二者可能技术实现路径完全不同，未来的发展前景也不一样，自然无法简单照搬。我们只能分析二者的区别和一致，做出一些调整，得出一个合理的估值。

分析一个交易案例是否具有可参照性，有以下一些指标可以参考：

（1）二者的产品或服务未来应用场景是否一致。

（2）二者的产品或服务技术实现路径是否一致。

（3）二者的市场地位是否相差不大。

（4）二者的运营管理模式是否一致。

（5）二者的团队是否有可比性。

（6）二者的财务指标，比如收入构成、毛利、期间费用、现金流等是否有重大差异。

五、投资决策中投后部门的作用

现在很多的投资机构都在强调要"投后前置"，所谓投后前置，指在投资决策甚至尽职调查时，投后管理人员就参与进来，对于投资后可能出现的一些情况进行预判，尤其是对可能出现的风险进行预判。

前文的分析表明，投后管理的最终目标是价值实现，所以，投后参与投资分析及投资决策的主要落脚点是与投资团队一起分析未来按照预期的情况退出的可能性。多一个维度，会使得分析的结论更加客观，更加经得起未来实践的考验。

表6-8是在某投资机构投资决策会上应用过的一个投后评审指标,可以作为参考。在设计这个指标体系的时候,曾经有人建议做成定量打分的形式,在实行中发现过于僵化死板,就取消了打分制,改成定性评估的形式。

表6-8 投后审核指标体系

类别	序号	指标	情况简述	评估结论
估值水平		估值合理性		
	1	估值模型(相对估值 & 绝对估值)		
	2	历次融资时间、估值和投资机构		
	3	与市场可参照交易比较(同行业、半年内、知名机构投资案例)		
	4	同行业可比上市公司估值水平		
	5	估值调整条款(对赌)		
退出路径		IPO退出		
	6	上市交易所选择		
	7	上市障碍及解决方案		
	8	中介机构是否落实		
	9	上市周期		
	10	上市后锁定期安排		
		并购退出		
	11	股权是否分散		
	12	行业内并购逻辑是否成立		
	13	随售权		
	14	领售权		
保障条款		回购条款		
	15	回购义务方(实际控制人 & 管理层 & 公司)		
	16	回购触发条件是否明确合理		
	17	回购利率		
	18	不同轮次投资人的回购顺序		

续表

类别	序号	指标	情况简述	评估结论
履约能力		回购能力和意愿		
	19	回购义务方资产状况、现金流情况		
	20	回购义务方声誉		
	21	回购义务方履历背景		
	22	回购义务方是否属于境外主体		
风险收益核算	23	理想化情况的收益水平（一般指按照预期的方式 IPO 或预期的并购退出，如果有赋能的打算，也应考虑）		
	24	次优退出路径下的收益水平（一般指回购得到执行或以低价被并购的情况下）		
	25	最坏情况下的最大损失（一般指全部损失）		
总体结论				

六、投后项目数据库的构建逻辑

投资机构的已投企业数据库一般由投后管理部门搭建并维护。一个合理的已投企业数据库能够帮助我们完成很多繁重的工作。比如，投后部门经常面对投资者关系（IR）部门、公共关系（PR）部门及基金运营等部门的不同的数据需求，如果没有一个完善的项目数据库，完成不同维度的数据统计和输出，则投后部门必然会应接不暇，疲于应付。

不同的投资机构对于已投企业项目库有不同的期望，很难找到一个全行业通用的数据库模式，但构建的逻辑是通用的。在构建一个已投企业项目库时，我们需要按照如下的步骤推进：

（一）各部门需求调查汇总

已投企业数据库构建的第一步是调查 IR、PR 和基金运营等部门常用的数据需求，然后结合投后管理部门内部的需求，把所有的需求汇总分析。项目数据库包括结构化数据库和非结构化数据库（也就是文档数据库）。非结构化数据库比较简单，主要是分门别类、分层级地把各种协议、各种报告、纪要等文件进行归档，只要部署公共网盘即可实现。我们所说的数据库构建逻辑主要是结构化数据库的构建。

一般地，投后管理部门的需求包括顶层的项目维度的 IRR 和 DPI，要实现这两个指标的计算，底层数据需要项目维度的投资情况、估值调整情况、目前估值情况、分红情况、退出情况等；基金运营部的主要需求是能够满足有限合伙人报告的主要内容，包括基金维度的投资情况、基金所有项目的主要财务数据、目前的估值、基金维度的 IRR 和 DPI 等；IR 和 PR 部门可能需要分行业的收益情况和退出情况、分部门（团队）的收益情况和退出情况、分投资阶段的收益情况和退出情况、公司整体的收益情况和退出情况等。

（二）确定字段和运算逻辑

在确定了所有需求后，要根据需求确定数据库的字段和运算逻辑，并且确定最终需要的报表。

因为数据的维护分散到了不同的投后负责人，所以，投后管理部门出台数据字段的统一定义就很重要了。一般来说，常用的数据字段定义有以下几点：

第一，要严格地按照不同的基金分开，每只基金对应一个数据库，便于基金层面的运算。

第二，细分行业、轮次、投资时间（协议时间还是划款时间）、投资时估值（投前还是投后）、最新估值（什么样的估值方法）、最新持股比例等字段要统一定义，否则很难进行基金层面的运算。

第三，币种不同要分列，如果涉及不同币种之间的运算，应将所有币种都统一在"人民币"一列做汇率换算，投资成本以当时汇率换算，复盘或退出时以即时汇率换算。

第四，同一项目的不同投资轮次应分开对待；同一轮次的投资，如果分多期付款，两次付款间隔时间较长的，也应分开对待。

图 6-10 是一个典型的数据库逻辑结构，仅供参考。

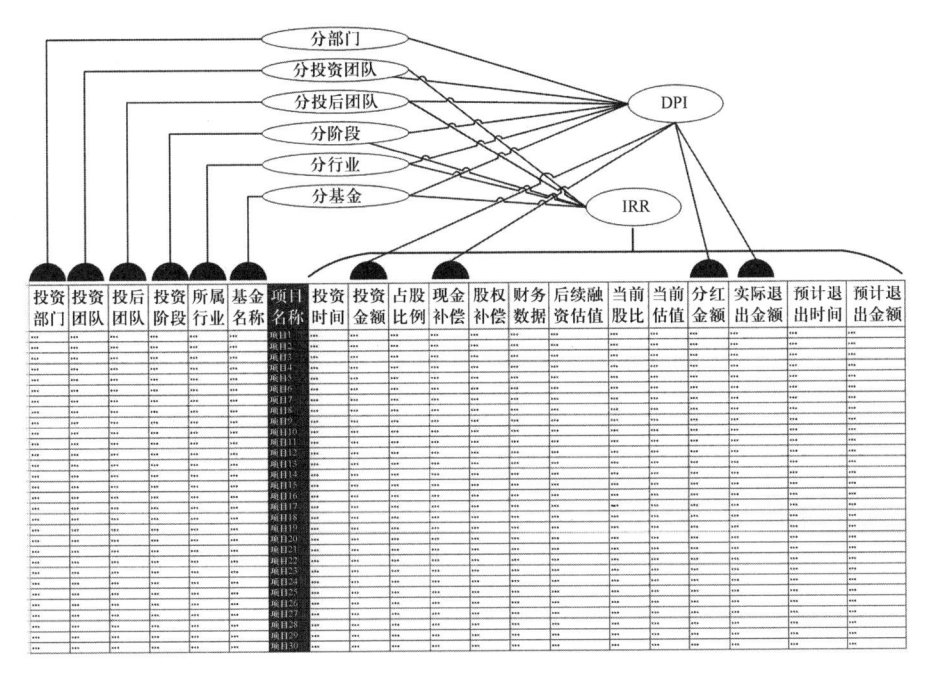

图 6-10 数据库逻辑结构示意图

（三）实施部署和维护

梳理完毕数据库需求，并且构建完毕运算逻辑后，可以交付 IT 部门部署实施。在部署实施过程中，还需要持续地沟通，以便能以更好的效果呈现我们的需求。

数据库部署上线后，仅仅是第一步，并且也不是最难的一步，数据库的更新和维护才是难点。笔者在不同的公司都遇到过部分投后管理人员不积极维护数据，导致数据库数据陈旧，运算结果质量不佳。这些投后管理人员可能绩效很好，也很努力地完成 KPI 或者 KPA，但对于这种填表格、核对数据之类的事务性工作总是不积极、不配合，也不理解。笔者在不同的场合讲过数据的重要性，一个投资机构，其管理层要想进行精细化的管理，必然需要精确的运营数据，其中被投项目的数据是整个投资机构的最重要的基础数据，如果这一类基础数据质量不佳，管理就不可能精细化。包括组合管理（Portfolio Management）、投资团队的绩效管理、风险管理等各个方面都离不开精确的项目数据。

当然，在数据统计领域，有一个不可能三角，就是"及时、准确和完整"不可能同时达到。要及时和准确，就需要牺牲完整；要及时和完整，大概率不准确；同样地，要准确和完整，就需要给足够的时间去收集和核对，不可能做到及时。数据管理者只能做到一个相对平衡的方案，兼顾及时、准确和完整三个维度。

附录一　项目投后复盘报告

　　　　　　　　　　年　　月　　日

一、投资情况

投资时间	
投资主体	
投资金额	
投资估值	

二、投资协议主要条款分析

项目	主要条款	是否违反
投资额		
付款先决条件		
估值与对赌条款		
反稀释条款		
公司治理安排		
股份回购		
知情权和检查权		

续表

项目	主要条款	是否违反
优先认购权		
清算优先权		
优先出售权		
领售权		
共同出售权		
最优惠待遇条款		
保密		
违约责任		
税项和费用		
适用法律和争议解决		
其他重要约定		

三、主要经营情况

鉴于投资时已经对行业情况、公司业务模式、竞争优势、团队情况和盈利预测做了分析，复盘时无须核实所有的事项，仅需要就可能会影响公司投资价值的重要业务情况做一些更新，并进行必要的核实即可。前文已经阐述过，不同的企业需要更新和核实的业务数据完全不同，很难统一。

大多数情况下，投资决策是根据被投企业的盈利预测为基础而做出的，如前面的分析所示，盈利预测是确定投资价值的最关键因素，所以，在复盘时要围绕以下几个问题展开：一是盈利预测是否实现了？二是如果盈利预测没有实现，到底是什么原因？预测当时的哪些假设条件没有达到预期？三是以后的趋势如何？是向好还是向坏？有没有利好或者利空的因素？四是因为盈利预测直接关系到被投企业的估值水平和退出节奏，那么，盈利预测没有实现对投资价值的影响几何？

四、主要财务数据

在分析财务数据时应结合业务数据，做到财务和业务的互相印证。

利润表：主要包括损益情况，简要分析异常指标。

资产负债表：主要包括资产负债情况，简要分析异常指标。

现金流量表：主要包括现金流量情况，简要分析异常指标。

五、估值复盘

（1）复盘时点重新估值。根据以上分析，对比投资时的估值模型（包括盈利预测、业务进展预测、可比上市公司/交易标的的估值情况、退出周期等），在复盘时点重估盈利预测、重估业务进展预测、重估可比上市公司/交易标的的估值情况、重估退出周期等，得出重估后的预期收益IRR。根据最新的情况，对于投资时的盈利预测做一修正，并重新评估企业的投资价值。

（2）风险敏感度分析。对比复盘时点的重估后的预期收益IRR与投资时的预期IRR差异，如复盘时点重估后的预期IRR小于投资时预期IRR，分析哪些因素导致了投资不达预期，并分析各个因素的风险敏感度。

六、上市进展

复盘目标公司的上市安排，包括但不限于：预计上市或者申报时间；所选择的拟上市地；券商、律师和会计师是否已经选定；申报工作的进展；我方对其上市拟提供的帮助及对其上市难度的评估等。

如上市进展延后，要关注是否有上市障碍，包括但不限于：企业资产演变是否存在瑕疵，股权变化是否合规，财务指标是否符合上市要求，清除上市障碍的隐性成本（土地手续、补税、环保标准、社保、资质牌照、重大的资产重组等）。

七、并购进展

如果该被投企业准备通过并购退出，那么要关注并购的进度，是否在与并购意向方接触，是否签订意向协定，双方谈判的分歧点在哪里，是否可以短期内解决，等等。

八、结论

在业务发展方面，很多的机构都会对被投企业做分级管理，比如 A- 超预期，B- 符合预期，C- 不及预期，S- 特别关注。

是否有违反投资协议的事项，比如是否需要执行对赌条款、反稀释条款、随售权条款等。

是否有赋能的空间，比如协助并购、协助业务升级、协助债务重组等。

是否需要处置不良项目，通过回购还是并购处置。

是否有可能破产，有没有重整的可能性等。

附录二　赋能问诊系统

一、产品或服务的研发

【痛点】产品或者服务能解决什么问题？

【竞品】其他产品或服务是怎么解决这个问题的？

其他产品或服务的优势和劣势是什么？

【优势】为什么这样设计产品或服务？

有没有更好的方案？为什么没有做到？

二、产品或服务的测试（临床测试）

【测试效果】测试效果如何？是产品或服务的问题还是测试方案设计的问题？

【竞品测试效果】竞品的测试效果如何？如果测试效果不好，什么原因？如果测试效果优于我方，原因是什么？

三、产品或服务优化空间

【发现问题的机制】产品或服务在研发和测试过程中，研发部门、市场部门和其他部门有没有提出问题？

外部测试机构有没有提出问题？代理渠道有没有提出问题？客户有没有提

出问题？

行政监管部门有没有提出问题？

【问题的本质分解】这些问题的本质是什么？是产品或服务的设计问题？是客户定位的问题？还是商业环境的问题？

我们面对的问题，竞品是不是同样面对？

【解决问题的机制】这些问题有没有解决方案？解决这些问题的困难是什么？需要哪些协助？

竞品是怎么解决这些问题的？

四、客户定位

【市场需求验证】客户是谁？客户群有多大规模？使用者是谁？付费者是谁？

【客户定位精确】有没有清晰的客户画像？通过什么途径找到这些客户？（TO C）获客成本多大？

【客户规模演变】客群规模发展趋势如何？渗透率的趋势？影响客户群规模的因素如何？影响渗透率的因素有哪些？

五、竞争优势

【产品效果/体验】产品使用效果如何？体验如何？有没有收集到市场的反馈？

【优势】跟竞品比起来，有没有优势？优势在哪里？优势能保持多久？优势能保持在多大的范围？

【替代品】这个领域未来的发展趋势如何？有没有可能出现新的技术替代？

六、商业推广

【渠道】通过什么渠道推广？与竞品的推广渠道有什么差异？为什么选择这样的渠道推广？

【成本】推广成本如何？成本构成有哪些？是不是有更经济的推广渠道？为什么没有采用更经济的渠道？困难在哪里？

七、品牌定位

【辨识度】品牌的主张是什么？最想向客户传达的理念是什么？对品牌的设计满意吗？有没有想过优化品牌？

【定位契合度】品牌主张与客户的痛点是不是契合？

【理念一致】品牌主张与内部制度和运营是不是体现一致性？尤其是面对客户的部门是不是能体现出品牌的主张？面对客户的部门能不能清晰地阐述品牌的理念？老板对于品牌的理解与品牌部门的理解是否一致？

八、招聘难度

团队还需要补齐什么人才？是否启动了招聘？招聘是否有困难？预计市场上适合的人才有多少？这类人才一般在什么机构里？我们这里对这类人才的吸引力在哪里？

九、团队融合

团队离职率如何？是否高于市场离职率？团建活动如何？

十、团队协作

在团队协作中，哪些部门比较难合作？为什么？是机制的问题还是人员的问题？有没有解决方案？

十一、团队匹配

团队规模与业务规划是否匹配？团队能力是否与业务规划匹配？

十二、团队激励

有哪些激励机制？股权激励如何设计？业务提成或者类似的奖励如何设计？职级晋升和薪酬设计如何设计？与市场的对标结果如何？

十三、团队优化

团队有没有淘汰机制？过去有没有人员被淘汰？

十四、团队培训

团队培训频次如何？培训一般集中在哪些领域？效果如何？是否需要更顶级的专家进行培训？

十五、部门设置

部门设置是怎么考虑的？部门设置合理吗？与市场上通行的设置是不是一

致？为什么不一致？

十六、权责利设计

重点岗位的权责利如何设置？参考了哪些同行或者咨询机构？有哪些不合理的地方？同行哪些公司做得更好？我们为什么不采用它们的做法？未来将进行什么样的调整？有调整的日程表吗？预计会遇到什么阻力？

十七、管理制度

管理制度有哪些？是否完善？过去是否发生过管理问题？是因为制度的问题吗？管理制度还需要哪些调整？有没有改进的日程表？预计会遇到什么困难？

十八、决策机制

董事长和总经理一般决策哪些事项？部门负责人一般决策哪些事项？跟同行比起来，决策机制有哪些不同？决策效率如何？还有哪些决策机制需要改进？有没有改进的日程表？预计会遇到什么困难？

十九、运营效率

有哪些重要事项拖延了？是公司内部的问题，还是外部的原因？如果是公司内部的原因，那么是机制的问题还是人员的问题？运营是否需要改进？有没有改进的日程表？预计会遇到什么困难？

附录三　破产重整方案暨商业价值分析

【对外融资版本】

一、破产重整法律方案

1. 债务梳理

×××公司被债权人×××向××法院申请破产，法院于 2016 年 9 月 28 日裁定受理，进入破产程序。

目前申报债权【　】亿元，预计确认债权【　】亿元。已确认的债权结构如附表 3-1 所示。

附表 3-1　债权结构

债权类型	申报金额（元）
破产费用	×××
共益债权	×××
劳务债权	×××
税款	×××
货款	×××
借款（有抵押，也称优先级债权）	×××
借款（无抵押，也称普通债权）	×××

2. 债务重组方案

（1）有抵押债权的偿付。预计抵押物可以覆盖【　】万元债权，无法覆盖部分约【　】万元，根据破产相关法律规定，抵押物不足偿付部分转入普通债权参与分配。

（2）需要全额现金偿付的债务规模。考虑到人道主义和公共利益，原则上，劳务债权和税收现金全额偿付，需要全额现金偿付的债权合计【　】万元左右。

（3）以20%偿付率偿付的债权。拟以20%偿付率偿付全部的货款和优先级转入普通的债权，合计【　】万元。

（4）拟推进债转股的债权。拟做债务重组（债转股）的债务规模约【　】亿元，名单如附表3-2所示。

附表3-2　债权情况

股东	申报债权（元）	债转股（%）
×××	×××××	×××××
×××	×××××	×××××
×××	×××××	×××××
×××	×××××	×××××
×××	×××××	×××××
×××	×××××	×××××
×××	×××××	×××××
合计	×××××	100%

（5）资产情况。偿还抵押债权后，剩余资产价值约为【　】亿元。如附表3-3所示。

附表3-3　资产情况

序号	财产名称（地址）	权属人	面积（平方米）	抵押对象	债权申报金额	抵押物或者资产估值（万元）	可能转入普通级债权的部分	估值方式
1	××	××	××	××	××	××	××	备注：市场参考价，××地产同地段商业单价约1.7万元/平方米

续表

序号	财产名称（地址）	权属人	面积（平方米）	抵押对象	债权申报金额	抵押物或者资产估值（万元）	可能转入普通级债权的部分	估值方式
3	××	××	××	××	××	××	××	重置成本法：广联达指标网工业厂房造价1500元/平方米，打3折
4	××	××	××	××	××	××	××	土地出让参考价：法拍价
5	××	××	××	××	××	××	××	无最新的市场参考价，按取得时成本价
8	××	××	××	××	××	××	××	成本价
9	××	××	××	××	××	××	××	备注：压力测试，只有土地单价低至1730元时无法覆盖债权

二、破产重整的商业价值

（1）主营产品介绍。

（2）破产原因。

（3）重整后竞争力分析。

三、重整后的商业计划

1. 经营计划

（1）可供运营的资产。

（2）品牌。

（3）知识产权。

（4）办公室：通过租赁解决，轻资产运营。

2. 人员规划

如附表 3-4 所示。

附表 3-4　人员规划

部门	人员规划	人员平均工资（元/年）	人员成本合计（元/年）
总经理	×××	×××	×××
副总经理	×××	×××	×××
生产部	×××	×××	×××
行政部	×××	×××	×××
品牌部	×××	×××	×××
市场部	×××	×××	×××
财务部	×××	×××	×××
合计	×××	×××	×××

3. 生产规划

4. 销售策略

四、融资计划

拟融资【　】亿元，占股【　】%，用途如下：

1. 偿还债务所需资金

所需资金【　】万元，如附表 3-5 所示。

附表 3-5　所需资金

	申报确认金额（元）	偿付率（%）	偿付金额（元）
破产费用	×××	×××	×××
共益债权	×××	×××	×××
劳务债权和税收	×××	×××	×××
货款和优先级转入普通的债权	×××	×××	×××
合计	×××	×××	×××

2. 经营所需资金

【 】万元。

3. 融资后股权结构

债转股的债权估值为申报数额的【 】%，与现金偿付率一致。如附表3-6所示。

附表3-6 融资后股权结构

股东	融资前持股比例	融资后持股比例
新股东	0%	×××
×××	×××	×××
×××	×××	×××
×××	×××	×××
×××	×××	×××
×××	×××	×××
×××	×××	×××
×××	×××	×××
合计	100.00%	100.00%

4. 股权激励设计

（1）主要管理团队愿意承诺完成以下业绩，如附表3-7所示。

附表3-7 业绩

年份	收入（万元）	净利润（万元）
2020	×××	×××
2021	×××	×××
2022	×××	×××

（2）管理团队股权激励设计如附表3-8所示。

附表 3-8　激励设计

年份	收入（万元）	净利润（万元）	股权激励（%）
2020	×××	×××	×××
2021	×××	×××	×××
2022	×××	×××	×××

完成承诺业绩的 60% 以上，按比例奖励，即奖励股权 =5%×（完成业绩/承诺业绩）。完成承诺业绩 60% 以下，不再进行股权奖励。超额完成业绩，可以协商超额奖励，但三年总的股权奖励合计不超过 20%。

（3）投资人收益测算。业绩承诺完成后，测算结果应保证收益达到一定水平，否则很难融资成功。如有必要，还应该测算业绩完成不达预期的悲观情况下的收益。

附录四 各交易所上市条件

一、A股上市条件

附表4-1 A股上市条件

上市条件	主板	科创板	创业板
持续经营3年以上的股份有限公司	发行人是依法设立且持续经营三年以上的股份有限公司，具备健全且运行良好的组织机构，相关机构和人员能够依法履行职责		
会计基础工作规范	财务报表的编制和披露符合企业会计准则和相关信息披露规则的规定，在所有重大方面公允地反映了发行人的财务状况、经营成果和现金流量，最近三年财务会计报告由注册会计师出具无保留意见的审计报告		
	内部控制制度健全且被有效执行，能够合理保证公司运行效率、合法合规和财务报告的可靠性，并由注册会计师出具无保留结论的内部控制鉴证报告		
主营业务、控制权和普理团队稳定	最近三年内主营业务和董事高级管理人员均没有发生重大不利变化	最近两年内主营业务和董事、高级管理人员均没有发生重大不利变化	最近两年内主营业务和董事、高级管理人员均没有发生重大不利变化
	最近三年实际控制人没有发生变更	核心技术人员应当稳定且最近两年内没有发生重大不利变化；发行人的股份权属清晰，不存在导致控制权可能变更的重大权属纠纷	最近两年实际控制人没有发生变更
	—	最近两年实际控制人没有发生变更	—

续表

上市条件	主板	科创板	创业板
生产经营符合法律、行政法规的规定，符合国家产业政策	最近三年内，发行人及其控股股东、实际控制人不存在贪污、贿赂、侵占财产、挪用财产或者破坏社会主义市场经济秩序的刑事犯罪，不存在欺诈发行、重大信息披露违法或者其他涉及国家安全、公共安全、生态安全、生产安全、公众健康安全等领域的重大违法行为		
	董事、监事和高级管理人员不存在最近三年内受到中国证监会行政处罚，或者因涉嫌犯罪正在被司法机关立案侦查或者涉嫌违法违规正在被中国证监会立案调查且尚未有明确结论意见等情形		
募集资金使用规定	符合国家产业政策和有关环境保护、土地管理等法律、行政法规规定		
	除金融类企业外，本次募集资金使用不得为持有财务性投资，不得直接或者间接投资于以买卖有价证券为主要业务的公司		
	募集资金项目实施后，不会与控股股东、实际控制人及其控制的其他企业新增构成重大不利影响的同业竞争、显失公平的关联交易，或者严重影响公司生产经营的独立性		
	—	股票募集的资金应当投资于科技创新领域的业务	—
发行后股本总额	发行后股本总额不低于5000万元	发行后股本总额不低于3000万元	
公开发行比例	公开发行的股份达到公司股份总数的25%以上；公司股本总额超过4亿元的，公开发行股份的比例为10%以上		
财务指标	标准一：最近3年净利润均为正，且最近3年净利润累计不低于1.5亿元，最近一年净利润不低于6000万元，最近3年经营活动产生的现金流量净额累计不低于1亿元或营业收入累计不低于10亿元	标准一：预计市值不低于10亿元，最近两年净利润均为正且累计净利润不低于5000万元，或者预计市值不低于10亿元，最近一年净利润为正且营业收入不低于1亿元	标准一：最近两年净利润均为正，且累计净利润不低于5000万元

续表

上市条件	主板	科创板	创业板
财务指标	标准二：预计市值不低于50亿元，且最近一年净利润为正，最近一年营业收入不低于6亿元，最近3年经营活动产生的现金流量净额累计不低于1.5亿元	标准二：预计市值不低于5亿元，最近一年营业收入不低于2亿元，且最近三年累计研发投入占最近三年累计营业收入的比例不低于15%	标准二：预计市值不低于10亿元，最近一年净利润为正且营业收入不低于1亿元
	标准三：预计市值不低于80亿元，最近一年净利润为正且最近一年营业收入不低于8亿元	标准三：预计市值不低于20亿元，最近一年营业收入不低于3亿元，且最近三年经营活动产生的现金流量净额累计不低于1亿元	标准三：预计市值不低于50亿元，且最近一年营业收入不低于3亿元
	—	标准四：预计市值不低于30亿元，且最近一年营业收入不低于3亿元	—
	—	标准五：预计市值不低于40亿元，主要业务或产品需经国家有关部门批准，市场空间大，目前已取得阶段性成果。医药行业企业需至少有一项核心产品获准开展二期临床试验，其他符合科创板定位的企业需具备明显的技术优势并满足相应条件	—

续表

上市条件	主板	科创板	创业板
已在境外上市的红筹企业申请上市	标准一：市值不低于2000亿元		
	标准二：市值200亿元以上，且拥有自主研发、国际领先技术，科技创新能力较强，在同行业竞争中处于相对优势地位		
未在境外上市的红筹企业申请上市	标准一：预计市值不低于200亿元，且最近一年营业收入不低于30亿元	营业收入快速增长，拥有自主研发、国际领先技术，同行业竞争中处于相对优势地位	
	标准二：营业收入快速增长，拥有自主研发、国际领先技术，在同行业竞争中处于相对优势地位，且预计市值不低于100亿元	标准一：预计市值不低于100亿元	
	标准三：营业收入快速增长，拥有自主研发、国际领先技术，在同行业竞争中处于相对优势地位，且预计市值不低于50亿元，最近一年营业收入不低于5亿元	标准二：预计市值不低于50亿元，且最近一年营业收入不低于5亿元	
是否允许未盈利境内发行人上市	否	是	是

二、港交所上市条件

附表 4-2　港股上市条件

港股主板（3选1）	港股创业板
发行规模	发行规模
上市时，公众持股量≥预期市值 1.25 亿港元；上市时，必须占公司已发行股本总额至少 25%；若公司在上市时的市值超过 100 亿港元，则港交所可能会接受将公众持股量降至 15%~25%	上市时，公众持股量≥市值 4500 万港元；上市时，必须占公司已发行股本总额至少 25%
财务与会计	财务与会计
同时满足：除港交所豁免外，一般需要不少于三个财政年度的营业记录；上市前至少三个年度内管理层维持不变，及在最近一个经审核的财政年度内拥有权和控制权维持不变。（对生物科技公司、同股不同权架构的创新产业公司降低一定上市门槛） ①盈利测试（更新标准见文中提示）具备不少于 3 个会计年度的营业记录，最近一年的股东应占盈利≥2000 万港元，及其前两年累计的股东应占盈利≥3000 万港元。上述盈利应扣除日常业务以外的业务所产生的收入或亏损。 ②市值/收益/现金流量测试： 上市时市值≥20 亿港元； 经审计的最近一个会计年度的收益≥5 亿港元；及 新申请人或其集团的拟上市的业务于前 3 个会计年度的现金流入合计 5 亿港元。 ③市值/收益测试： 上市时市值≥40 亿港元； 经审计的最近一个会计年度的收益≥5 亿港元	无明确盈利要求，需同时满足：申请上市的新申请人或其集团此等在刊发上市文件前两个财政年度从经营业务所得的净现金流入总额必须最少达 3000 万港元；上市时市值≥1.5 亿港元

三、美股上市条件

1. 纽交所（NYSE）上市条件

作为世界性的证券交易场所，纽约证券交易所也接受外国公司挂牌上市，NYSE 美股上市条件较美国国内公司更为严格，主要包括：

（1）社会公众持有的股票数目不少于 250 万股。

（2）有 100 股以上的股东人数不少于 5000 名。

（3）公司财务标准（三选其一）。

附表 4-3　纽交所上市条件

	标准一	标准二（1）	标准二（2）	标准三
	盈利测试	市值、收益、现金流测试	市值、收益测试	子公司测试
税前利润	最近三个财年总计不低于 1 亿美元；最近两个财年不低于 2500 万美元			
调整现金流		最近三个财年总计不低于 1 亿美元；最近两个财年不低于 2500 万美元		
全球市值		5 亿美元	7.5 亿美元	5 亿美元
收益		1 亿美元（最新 12 个月）	7500 万美元	
经营历史				12 个月

（4）对公司的管理和操作方面的多项要求。

（5）其他有关因素，如公司所属行业的相对稳定性，公司在该行业中的地位，公司产品的市场情况，公司的前景，公众对公司股票的兴趣等。

2. 证交所（AMEX）上市条件

若有公司想要到美国证券交易所挂牌上市，需具备以下几项条件：

（1）最少要有 500000 股的股数在市面上为大众所拥有。

（2）市值最少要在 3000000 美元以上。

（3）最少要有 800 名的股东（每名股东需拥有 100 股以上）。

（4）上个会计年度需有最低 750000 美元的税前所得。

3. 纳斯达克（NASDAQ）美股上市条件（满足其中一项标准即可）

（1）纳斯达克全球市场（NGM）美股上市条件，如附表 4-4 所示。

附表 4-4　NGM 上市条件

	标准一：收入标准	标准二：权益标准	标准三、标准四：市值、总资产、总收益标准
最低买入价	至少 4 美元/股	至少 4 美元/股	至少 4 美元/股
公众持股数	至少 110 万	至少 110 万	至少 110 万
整股股东数	至少 400	至少 400	至少 400
股东权益	至少 1500 万美元	至少 3000 万美元	
在册及活跃做市商数量	至少 3	至少 3	至少 4
公众持股市值	至少 800 万美元		
最近一财年或过去三财年内有两年的年度税前利润	至少 100 万美元		
经营历史		2 年	
挂牌证券市值			7500 万美元
总资产及总收益			最近一财年或者三财年内两财年总资产或总收益各达到 7500 万美元

（2）纳斯达克全球精选市场（NGSM）美股上市条件，如附表 4-5 所示。

附表 4-5　NGSM 上市条件

	标准一：收入	标准二：现金流市值	标准三：收益市值	标准四：权益资产
税前总收入	至少 4 美元 / 股			
前三财年每年正向税收收入	至少 1100 万美元			
税前收入	最近两财年每年至少 220 万美元			
总现金流		前三财年至少 2750 万美元		
前三财年每年正向现金流		需要		
前12个月平均市值		至少 5.5 亿美元	至少 8.8 亿美元	至少 1.6 亿美元
前一财年总收益		至少 1 亿美元	至少 9000 万美元	至少 8000 万美元总资产
前一财年总收益				至少 5500 万美元股东权益
最低卖价	至少 4 美元 / 股	至少 4 美元 / 股	至少 4 美元 / 股	至少 4 美元 / 股

（3）纳斯达克资本市场（NCM）美股上市条件，如附表 4-6 所示。

附表 4-6　NCM 上市条件

	标准一：经营历史	标准二：挂牌证券市值	标准三：净收益
股东权益	最少 500 万美元	最少 400 万美元	最少 400 万美元
公众持股市值	最少 1500 万美元	最少 1500 万美元	最少 500 万美元
两年经营历史	需要		
挂牌证券市值		最少 5000 万美元	
净利润			最近一个完整财年或者最近两个完整财报

4. OTCBB 买壳上市条件

OTCBB 市场是由纳斯达克管理的股票交易系统，是针对中小企业及创业企业设立的电子柜台市场。许多公司的股票往往先在该系统上市，获得最初的发展资金，通过一段时间积累扩张，达到纳斯达克或纽约证券交易所的挂牌要求后升级到上述市场。

在 OTCBB 上市的公司，只要净资产达到 400 万美元，年税后利润超过 75 万美元或市值达 5000 万美元，股东在 300 人以上，股价达到 4 美元 / 股的，便可直接升入纳斯达克小型股市场。净资产达到 600 万美元以上，毛利达到 100 万美元以上时公司股票还可直接升入纳斯达克主板市场。因此 OTCBB 市场又被称为纳斯达克的预备市场（纳斯达克 BABY）。

总体来说，美股上市条件中对于盈利的需求没有 A 股这么苛刻，同时，美股财务门槛也比 A 股低一些。而美股在市场化方面的要求是 A 股、港股、美股三个市场中最高的，不管是哪个板块，美股都有明确的公众持股要求，这方面 A 股只有创业板有所涉及，港股也并没有具体的股东数量要求。从这一点来看，美股对于一家公司的上市与否更注重公众对公司的认可程度，弱化公司本身的财务方面的条件。

附录五　减持新规解读

股票锁定期及锁定期后转让规则，按不同持股主体分类，具体如下：

一、控股股东与实际控制人

限制股票范围：首发上市前取得的股票，上市后从二级市场买入的股票不属于限制范围。

锁定期：首发上市后 36 个月，如果承诺限售期长于 36 个月的，按照承诺的更长限售期执行。

减持规则：①每 3 个月通过证券交易所集中竞价交易减持股份的总数，不得超过公司股份总数的 1%；②通过集中竞价交易减持股份，应在首次卖出的 15 个交易日前预先披露减持计划；③协议转让不受前述①项和②项限制，但单个受让方受让比例不得低于公司股份总数的 5%，且减持后不再具有大股东身份时，出让方、受让方在 6 个月内应当遵守①项和②项规则；④任意连续 90 日内采取大宗交易方式减持股份的总数不得超过公司股份总数的 2%；⑤科创板上市公司且上市时未盈利的，在公司实现盈利前，自股票上市起第 4 个会计年度和第 5 个会计年度内，每年减持的首发前股份不得超过公司股份总数的 2%。

不得减持情形：①上市公司或者大股东因涉嫌证券期货违法犯罪，在被证监会立案调查或被司法机关立案侦查期间，以及在行政处罚决定、刑事判决作出之后未满 6 个月的；②大股东因违反证券交易所自律规则，被证券交易所公开谴责未满 3 个月的；③证监会规定的其他情形。

二、其他持股 5% 以上的股东

限制股票范围：首发上市前取得的股票，上市后从二级市场买入的股票不属于限制范围。

锁定期：首发上市后 12 个月。

减持规则：①每 3 个月通过证券交易所集中竞价交易减持股份的总数，不得超过公司股份总数的 1%；②通过集中竞价交易减持股份，应在首次卖出的 15 个交易日前预先披露减持计划；③协议转让不受前述①项和②项限制，但单个受让方受让比例不得低于公司股份总数的 5%，且减持后不再具有大股东身份时，出让方、受让方在 6 个月内应当遵守①项和②项规则；④任意连续 90 日内采取大宗交易方式减持股份的总数不得超过公司股份总数的 2%。

三、突击入股

限制股票范围：首发上市前取得的股票，上市后从二级市场买入的股票不属于限制范围。

锁定期：工商变更或首发上市后 3 年。

四、定向增发入股

限制股票范围：非公开发行取得的股票。

锁定期：①上市公司控股股东、实际控制人及其控制的关联人、通过认购本次发行的股份取得上市公司实际控制权的投资者，以及董事会拟引入的境内外战略投资者，认购的股份锁定期为发行结束后 18 个月；②前述①项中所列人员以外的投资者认购的股份锁定期为发行结束后 6 个月。

五、收购方

限制股票范围：因本次收购而取得的上市公司股票。

锁定期：收购完成后 18 个月。

六、创投基金

持股主体：指在中国证券投资基金业协会备案的创业投资基金和私募股权投资基金。

锁定期：①对于发行人有实际控制人的，非实际控制人的创投基金股东，按照公司法有关规定锁定一年；但如果创投基金为控股股东的，锁定期为 36 个月。②发行人没有或难以认定实际控制人的，对于非发行人第一大股东，但位列合计持股 51% 以上股东范围且符合一定条件的创业投资基金股东，锁定 12 个月。

特殊减持规则：根据截止到首发上市时的持股期限不同、减持限制不同，通过集中竞价交易减持的：①不满 36 个月的，在 3 个月内减持股份的总数不得超过公司股份总数的 1%；② 36 个月以上不满 48 个月的，在 2 个月内减持股份的总数不得超过公司股份总数的 1%；③ 48 个月以上但不满 60 个月的，在 1 个月内减持股份的总数不得超过公司股份总数的 1%；④ 60 个月以上的，减持股份总数不再受比例限制。大宗交易减持的，股份出让方、受让方应遵守交易所关于减持数量、持有时间的规定。

上述减持规则适用限制条件：投资的企业应满足以下情形之一：①首次接受投资时，企业成立不满 60 个月；②首次接受投资时，企业职工人数不超过 500 人，根据会计师事务所审计的年度合并会计报表，年销售额不超过 2 亿元、资产总额不超过 2 亿元；③截至发行申请材料受理日，企业依据《高新技术企业认定管理办法》（国科发火〔2016〕32 号）已取得高新技术企业证书。

持股主体不符合第 1 项或者投资的上市企业不符合第 3 项的，减持股份根据持股主体的不同适用第一条、第二条或第七条规定。

七、持股不足 5% 的其他股东

限制股票范围：首发上市前取得的股票，上市后从二级市场买入的股票不属于限制范围。

锁定期：首发上市后 12 个月。

减持限制：无。

八、董事、监事和高级管理人员

限制股票范围：首发上市前取得的本公司股票 / 上市后从二级市场买入的本公司股票。

锁定期：①首发上市前取得的本公司股票，首发上市后 12 个月；如为科创板上市公司且上市时公司未盈利的，首发上市后 36 个月。②离职 6 个月内不得转让所持有的本公司股票（注：法律对于股票取得方式未做限制性规定，应视为所有持有的股票不论取得方式，均在限售范围内），如为科创板上市公司且上市时公司未盈利的，在①项规定的锁定期内离职的，对于首发前取得的股份，应继续遵守①项中锁定期的规定。③创业板上市的，在首发上市后 6 个月内离职的，自申报离职之日起 18 个月内不得转让；首发上市后第 7 个月至第 12 个月离职的，自申报离职之日起 12 个月内不得转让。

减持规定：任职期间每年转让的股份不得超过其所持有的本公司股份总数的 25%。

不得减持的情形：①董监高因涉嫌证券期货违法犯罪，在被证监会立案调查或被司法机关立案侦查期间，以及在行政处罚决定、刑事判决作出之后未满 6 个月的；②董监高因违反证券交易所自律规则，被证券交易所公开谴责未满

3 个月的；③证监会规定的其他情形。

九、科创板上市公司核心技术人员

限制股票范围：首发上市前取得的本公司股票。

锁定期：①首发上市前取得的本公司股票，首发上市后 12 个月；如上市时公司未盈利的，首发上市后 36 个月。②离职 6 个月内不得转让所持有的本公司股票（注：公司法对于股票取得方式未做任何限制性规定，应视为所有持有的股票不论如何、何时取得，均在限售范围内）。

减持规定：首发上市后 4 年内，每年转让股份不得超过其所持有本公司股份总数的 25%。

另提示：司法强制执行、执行股权质押协议、赠与等导致股票需要从原持有人处转出的，均须遵守减持规定。

附录六　投后管理办法

第一章　总则

第一条　为加强公司对已投项目的投后管理，规范投后管理制度，提高投后管理效率，特制定本办法。

第二章　投后项目交接

第二条　原则上，已投项目的投后管理主要由投后管理人员负责，原投资团队协助。所有项目的投后管理数据由投后管理岗统一汇总。

第三条　项目投资划款完成后，投资团队应在2个工作日内将全套项目资料电子版交接投后管理岗。包括但不限于：

（1）尽调报告及工作底稿（如有）。

（2）投资价值分析报告（如有）。

（3）投资协议。

（4）立项会、风控会、投决会等会议纪要（如有）。

（5）其他投后管理部要求的资料。

第四条　项目交接过程要留痕，交接双方应签署投后资料交接清单或者用办公系统线上流程交接。

第五条　投后管理人员收到项目资料后，应及时将项目资料电子版存档于公司统一指定的硬盘或者网盘，将项目结构化数据录入项目库。

第六条　如需向被投主体进行人员委派（包括但不限于董事、监事、财务总监等，统称为"委派人员"），由公司决定人选，并将委派人员安排情况给投后管理岗统一进行登记管理。除履行委派职责所产生的必要费用（如差旅费）外，委派人员与被投企业之间不得存在任何形式的经济往来或者其他特别待遇情形。

第三章 定期跟踪

第七条 投后管理人员应定期（至少一季度一次）跟踪已投项目的舆情，并定期查询司法文书网上关于已投项目的涉诉情况。

第八条 投后管理人员应定期（至少一季度一次）索取已投企业的财务信息、经营数据或其他重要信息。

第九条 投后管理人员应定期（至少一季度一次）与被投企业取得联系，可以现场拜访，也可以电话访谈，并撰写拜访纪要。

第四章 项目分级管理

第十条 已投项目实行分级管理，由投后管理岗制定分级标准，由公司半年度和年度项目复盘会决定或调整，可以根据公司风险控制政策和实际情况调整分级标准。项目风险级别分四级：A—优于预期；B—符合预期；C—低于预期；S—需特别关注。

第十一条 针对不同的项目风险级别，综合考虑投资额度、基金封闭期等各方面因素，采取针对性的投后管理措施。

第五章 项目复盘会

第十二条 投后管理应举行半年度和年度定期项目复盘会，如有必要，也可以举行临时的项目复盘会。

第十三条 项目复盘会由投后管理岗召集，邀请公司分管合伙人、风控负责人、法律合规负责人和原投资团队参加。

第十四条 项目复盘会应汇报项目的经营情况、财务数据、管理情况、投资协议落实情况以及上市进展等，尤其是对投资有重大影响的信息应进行必要的核实和复盘。

第十五条　项目复盘会上确定或者调整项目分级，定为 C 或者 S 级的项目，投后管理人员应该制订风险处置方案或者资产处置方案，经公司同意后实施。

第六章　投后重大事项决策

第十六条　投后管理人员在处理投后重大事项时，应首先征得公司分管合伙人确认，方可实施。

第十七条　投后重大事项包括但不限于：

（1）已投企业违反投资协议约定，需要通过司法途径执行协议或者通过谈判解决；

（2）已投企业管理层出现刑事、重大民事或者重大的职业道德问题，需要处置风险甚至处置项目；

（3）发现投资时存在内部人员职业道德问题或者项目方舞弊问题；

（4）已投企业业绩不达预期，且未来趋势向下，需要处置；

（5）可能导致我方被诉的事项；

（6）公司合伙人认为重大的事项。

第七章　涉诉事项

第十八条　涉诉事项取得公司决策同意后，投后管理人员可以征询法律合规负责人的意见，选聘律师事务所代理，律师事务所选聘程序参照公司采购管理相关规定。

第十九条　投后管理人员负责与外部律师事务所对接，包括律师事务所招投标、协商并签订代理协议、提供涉诉需要的资料、与外部律师讨论形成诉讼方案等，必要时可以征询法律合规负责人的意见。

第二十条　凡涉诉事项，投后管理人员应单独汇报涉诉进展周报，包括涉诉方案和进展、涉诉风险和待决事项，如有待决策事项，应提请分管合伙人决策。

第八章　项目退出

第二十一条　项目退出程序由该项目的投后负责人启动，原则上应该在（预计）退出条件达成时点的至少两周前启动退出方案的制定和决策，在（预计）退出条件达成时点的至少一周前完成退出方案的决策；紧急情况不受此限制。

第二十二条　项目投后负责人退出方案应包含但不限于：①该时点退出的合理性；②退出基本方案，退出时间、退出方式、退出价格区间（或底价）、退出预计估值、退出预计收益；③退出合规问题；④退出涉税情况；⑤退出分配方案。

第二十三条　退出方案完成后，投后负责人应及时召集退出决策相关委员会，对退出方案进行决策，决策通过后，投后负责人负责组织实施该方案。

第九章　附则

第二十四条　本办法由公司制定并负责解释。

第二十五条　本办法自颁布之日起实施。

附录七 诉讼程序的时间节点

附表 7-1 时间节点

一 审	
诉讼时效	普通 3 年诉讼时效。自权利人知道或应该知道权利受侵害之日起算
	最长诉讼时效。从权利受侵害之日起 20 年（民法典 188 条）
申请财产保全	诉前财产保全。法院应在 48 小时内作出裁定，裁定保全的，应立即执行（申请人必须提供担保）。申请人应该在采取保全措施后 30 日内起诉（民诉 103、104 条）
	对财产保全或先予执行裁定不服的，可以申请复议一次（民诉 111 条）
申请证据保全	诉前、诉中申请证据保全，应当在举证期限届满前提出。证据保全未规定当事人有权申请复议（民诉 84 条）
立案	法院应在收到起诉状或口头起诉后 7 日内立案，立案庭应在决定立案的 3 日内移送审判庭（审限若干规定 6、7 条）
申请先予执行	法院应当在受理案件后终审判决前采取（民诉 109、110 条）
公告送达	国内。适用于受送达人下落不明或用其他方式无法送达的。自发出公告之日起经过 30 天的，视为送达（民诉 95 条）
	涉外。适用于不能用其他方式送达的。自公告之日期满 3 个月（民诉 274 条）
答辩期	国内。法院应在立案之日起 5 日内将起诉书副本送达被告，被告收到之日起 15 日内答辩，法院收到答辩之日起 5 日内发送原告（但被告提交的证据何时提交给原告没有明确规定）（民诉 128 条）
	涉外。答辩期 30 日，并可申请延长（民诉 276 条）
管辖权异议	应在答辩期间内提出（民诉 130 条）

续表

举证期限	人民法院指定举证期限的，适用第一审普通程序审理的案件不得少于15日，当事人提供新的证据的第二审案件不得少于10日。适用简易程序审理的案件不得超过15日，小额诉讼案件的举证期限一般不得超过7日。举证期限届满后，当事人提供反驳证据或者对已经提供的证据的来源、形式等方面的瑕疵进行补正的，人民法院可以酌情再次确定举证期限，该期限不受前款规定的期间限制（证据规定51条）
申请延期举证	应在举证期限内提出，并可再次提出，延长的期限同样适用于其他当事人（证据规定54条）
申请调查取证	申请法院调查取证应该在举证期限届满前书面提出，对法院决定不予取证的，应当向当事人送达通知书，当事人可在收到不予准许次日起3日内向受理法院书面申请复议，法院应在5日内作出答复（证据规定20条）
申请鉴定	应在举证期限内提出，鉴定机构、人员由双方协商，协商不成的，由法院指定（证据规定30~40条）
增加、变更诉讼请求或提出反诉期间	应在举证期限届满前提出，当事人增加、变更诉讼请求或者提出反诉的，人民法院应当根据案件具体情况重新确定举证期限（证据规定55条）
申请增加当事人的举证期限	追加当事人、有独立请求权的第三人参加诉讼或者无独立请求权的第三人经人民法院通知参加诉讼的，人民法院应当依照本规定第五十一条的规定为新参加诉讼的当事人确定举证期限，该举证期限适用于其他当事人（证据规定55条）
证据交换	证据交换的时间可以由当事人协商一致并经人民法院认可，也可以由人民法院指定。当事人申请延期举证经人民法院准许的，证据交换日相应顺延（证据规定56条）
	法院组织证据交换的，交换之日举证期限届满（证据规定56条）
传唤期限	法院应当在开庭前3日用传票传唤当事人。对代理人应当用通知书通知到庭（对诉讼参与人没有规定提前多久通知）。传票传唤是按撤诉处理和缺席判决的前提条件（民诉147条）

续表

申请回避	①案件开始审理前提出。②当回避事由在开始审理后才知道的，可以在审理过程中提出，但必须在法庭辩论终结前提出。法院应在提出后3日内以口头或书面的形式作出决定，当事人对决定不服的，可以在接到决定时申请复议，法院应在3日内对复议作出决定（民诉47、48、49、50条）
罚款、拘留复议	对民事罚款、拘留决定不服向上级法院申请复议的，审理期限为5日（审限若干规定2条，民诉119条）
期限耽误后的补救	应在障碍消除后10日内向法院申请延期（民诉86条）
一审审限	普通程序。6个月，经本院院长批准可延长6个月，还需延长的，报上级法院批准可以再延长3个月（审限若干规定2条）
	简易程序。3个月。无延长规定，如超过3个月，则转为普通程序，从立案之日起计算审限（审限若干规定8条）
	特别程序。30日，经本院院长批准可以延长30天
	船舶碰撞、共同海损。1年，经本院院长批准可以延长6个月
判决书送达期限	当庭宣判的，应当在10日内发送判决书
	定期宣判的，宣判后立即发给判决书（民诉151条）

二　审

上诉期间	对判决上诉。对判决的上诉期为15日
	对裁定上诉。对裁定的上诉期为10日（民诉171条）
	涉外案件。对判决、裁定上诉均为30日，并可申请延长（民诉275条）
上诉后法院移送案件期限	原审法院收到上诉状后，在5日内送达对方当事人，对方在收到上诉状后15日内提出答辩状，法院在收到答辩状后5日内送达上诉人；原审法院在收到上诉状、答辩状后，应在5日内连同全部案卷和证据报送二审法院（民诉173条）
	即最迟在提交上诉状后5+15+5=25天

续表

二审审限	对判决上诉。审理期限为 3 个月，经本院院长批准可以延长 3 个月
	对裁定的上诉。审理期限为 30 日（审限若干规定 2 条，民诉 183 条）

再　审

再审申请期限	当事人申请再审，应当在判决、裁定发生法律效力后 6 个月内提出；有本法第二百零七条第一项、第三项、第十二项、第十三项规定情形的，自知道或者应当知道之日起 6 个月内提出（民诉 212 条）
	法、检提出再审没有期限限制
法院审查再审期限	法院应在收到再审申请书之日起 3 个月内审查是否符合再审条件，如需延长，应经本院院长批准（民诉 211 条）
再审审限	再审案件的审限执行第一审或第二审审限规定（审限若干规定 4 条）

执　行

申请执行时效	申请执行的期间为 2 年。申请执行时效的中止、中断，适用法律有关诉讼时效中止、中断的规定
	前款规定的期间，从法律文书规定履行期间的最后一日起计算；法律文书规定分期履行的，从最后一期履行期限届满之日起计算；法律文书未规定履行期间的，从法律文书生效之日起计算（民诉 246 条）
申请执行中止	在申请执行时效期间的最后 6 个月内，因不可抗力或者其他障碍不能行使请求权的，申请执行时效中止。从中止时效的原因消除之日起，申请执行时效期间继续计算（执行程序若干问题的解释 19 条）
通知被执行人期间	法院受理执行案后，应在 10 日内向被执行人发出执行通知书（执行工作规定第 4 条）
执行管辖权异议	应当自收到执行通知书之日起 10 日内提出（执行程序若干问题的解释 3 条）
次债务人的执行异议期间	执行债务人对第三人的到期债权，第三人应在收到履行通知书后 15 日内提出异议，法院不审查异议（执行工作规定 7 条）

续表

对执行行为书面异议的处理期限	当事人、利害关系人认为执行行为违反法律规定的，人民法院应当自收到书面异议之日起15日内审查并作出裁定（执行程序若干问题的解释5条） 当事人、利害关系人对裁定不服的，可以自裁定送达之日起10日内向上一级人民法院申请复议，上一级人民法院应当自收到复议申请之日起30日内审查完毕，并作出裁定。有特殊情况需要延长的，经本院院长批准，可以延长，延长的期限不得超过30日（执行程序若干问题的解释8条）
对执行标的书面异议的处理期限	案外人对执行标的提出书面异议的，人民法院应当自收到书面异议之日起15日内审查。案外人、当事人对裁定不服，认为原判决、裁定错误的，依照审判监督程序办理；与原判决、裁定无关的，可以自裁定送达之日起15日内向人民法院提起诉讼（民诉234条）
财产分配方案异议期限	债权人或者被执行人对分配方案有异议的，应当自收到分配方案之日起15日内向执行法院提出书面异议（执行程序若干问题的解释18条）
财产分配方案异议反对期限	未提出异议的债权人、被执行人收到财产分配方案异议通知之日起15日内未提出反对意见的，执行法院依异议人的意见对分配方案审查修正后进行分配；提出反对意见的，应当通知异议人。异议人可以自收到通知之日起15日内，以提出反对意见的债权人、被执行人为被告，向执行法院提起诉讼；异议人逾期未提起诉讼的，执行法院依原分配方案进行分配（同上，18条）
执行措施期限	人民法院冻结被执行人的银行存款的期限不得超过一年，查封、扣押动产的期限不得超过两年，查封不动产、冻结其他财产权的期限不得超过三年。申请执行人申请延长期限的，人民法院应当在查封、扣押、冻结期限届满前办理续行查封、扣押、冻结手续，续行期限不得超过前款规定的期限（民诉解释485条）
拍卖公告发布期限	拍卖动产的，应当在拍卖7日前公告；拍卖不动产或者其他财产权的，应当在拍卖15日前公告（拍卖、变卖规定8条）
提前通知相关人员拍卖期限	法院应当在拍卖5日前以书面或者其他能够确认收悉的适当方式，通知当事人和已知的担保物权人、优先购买权人或者其他优先权人于拍卖日到场（拍卖、变卖规定11条）

续表

恢复拍卖	暂缓执行期限届满或中止执行的事由消失后，需要继续拍卖的，应该在15日内通知拍卖机构恢复拍卖（拍卖、变卖规定18条）
拍卖裁定期限	拍卖成交或者以流拍的财产抵债的，法院应当作出裁定，并于价款或者需要补交的差价全额交付后10日内，送达买受人或者承受人（拍卖、变卖规定20条）
拍卖物移交期间	人民法院裁定拍卖成交或者以流拍的财产抵债后，除有依法不能移交的情形外，应当于裁定送达后15日内，将拍卖的财产移交买受人或者承受人。被执行人或者第三人占有拍卖财产应当移交而拒不移交的，强制执行（拍卖、变卖规定27条）
第二次拍卖限期	拍卖时无人竞买或者竞买人的最高应价低于保留价，应当在60日内再行拍卖（拍卖、变卖规定23条）
第三次拍卖	第二次流拍的不动产和其他财产权，应当在60日内举行第三次拍卖，第三次拍卖流拍，法院应当于第三次拍卖终结之日起7日内发出变卖公告。自公告之日起60日内没有买受人愿意以第三次拍卖的保留价买受该财产，且申请执行人、其他执行债权人仍不表示接受该财产抵债的，应当解除查封、冻结，将该财产退还被执行人，但对该财产可以采取其他执行措施的除外（拍卖、变卖规定25条）
执行审限	诉讼执行按应在立案之日起6个月内执结，非诉执行案子在3个月内执结；经本院院长同意，可以延长3个月，还需延长，层报高院备案（审限若干规定5条）
申请上级法院执行期间	人民法院自收到申请执行书起超过6个月未执行的，可向上级法院申请执行（民诉233条） ①债权人申请执行时被执行人有可供执行的财产，执行法院自收到申请执行书之日起超过6个月对该财产未执行完结的；②执行过程中发现被执行人可供执行的财产，执行法院自发现财产之日起超过6个月对该财产未执行完结的；③对法律文书确定的行为义务的执行，执行法院自收到申请执行书之日起超过6个月未依法采取相应执行措施的；④其他有条件执行超过6个月未执行的（执行程序若干问题的解释10条）

	续表
不受期限限制	人民法院采取本法第二百四十九条、第二百五十条、第二百五十一条规定的执行措施后，被执行人仍不能偿还债务的，应当继续履行义务。债权人发现被执行人有其他财产的，可以随时请求人民法院执行（民诉261条）

附表7-1中引述的法律文书说明如下：

民法典，即《中华人民共和国民法典》（2020年5月28日第十三届全国人民代表大会第三次会议通过）

民诉，即《中华人民共和国民事诉讼法》（1991年4月9日第七届全国人民代表大会第四次会议通过 根据2007年10月28日第十届全国人民代表大会常务委员会第三十次会议《关于修改〈中华人民共和国民事诉讼法〉的决定》第一次修正 根据2012年8月31日第十一届全国人民代表大会常务委员会第二十八次会议《关于修改〈中华人民共和国民事诉讼法〉的决定》第二次修正 根据2017年6月27日第十二届全国人民代表大会常务委员会第二十八次会议《关于修改〈中华人民共和国民事诉讼法〉和〈中华人民共和国行政诉讼法〉的决定》第三次修正 根据2021年12月24日第十三届全国人民代表大会常务委员会第三十二次会议《关于修改〈中华人民共和国民事诉讼法〉的决定》第四次修正）

民诉解释，即《最高人民法院关于适用〈中华人民共和国民事诉讼法〉的解释》（2014年12月18日最高人民法院审判委员会第1636次会议通过；根据2020年12月23日最高人民法院审判委员会第1823次会议通过的《最高人民法院关于修改〈最高人民法院关于人民法院民事调解工作若干问题的规定〉等十九件民事诉讼类司法解释的决定》第一次修正；根据2022年3月22日最高人民法院审判委员会第1866次会议通过的《最高人民法院关于修改〈最高人民法院关于适用《中华人民共和国民事诉讼法》的解释〉的决定》第二次修正，该修正自2022年4月10日起施行）

审限规定，即《最高人民法院关于严格执行案件审理期限制度的若干规定》（法释〔2000〕29号）（2000年9月14日最高人民法院审判委员会第1130次会议通过　2000年9月22日最高人民法院公告公布，自2000年9月28日起施行）

证据规定，即最高人民法院关于民事诉讼证据的若干规定（2019年10月14日由最高人民法院审判委员会第1777次会议通过，现予公布，自2020年5月1日起施行）

执行程序若干问题的解释，即《最高人民法院关于适用〈中华人民共和国民事诉讼法〉执行程序若干问题的解释》（2008年9月8日最高人民法院审判委员会第1452次会议通过，根据2020年12月23日最高人民法院审判委员会第1823次会议通过的《最高人民法院关于修改〈最高人民法院关于人民法院扣押铁路运输货物若干问题的规定〉等十八件执行类司法解释的决定》修正）

执行工作规定，即《最高人民法院关于人民法院执行工作若干问题的规定（试行）》（法释〔1998〕15号，法释〔2020〕21号修改，自2021年1月1日起施行）

拍卖、变卖规定，即《最高人民法院关于人民法院民事执行中拍卖、变卖财产的规定》（2004年10月26日最高人民法院审判委员会第1330次会议通过，根据2020年12月23日最高人民法院审判委员会第1823次会议通过的《最高人民法院关于修改〈最高人民法院关于人民法院扣押铁路运输货物若干问题的规定〉等十八件执行类司法解释的决定》修正）